KISS

KISS

ELOY PÉREZ LADAGA

MA
NON
TROPPO

© 2018, Eloy Pérez Ladaga
© 2018, Redbook Ediciones, s. l., Barcelona

Diseño de cubierta: Regina Richling
Diseño de interior: David Saavedra
Fotografías interiores: APG imágenes

ISBN: 978-84-949285-0-5
Depósito legal: B-25.518-2018
Impreso por Sagrafic, Pasaje Carsi, 6 08025 Barcelona

Impreso en España - *Printed in Spain*

Para Celia, Claudia y Marc,
como siempre, por todo.

A mis padres, melómanos
clásicos, por la paciencia.

A mis hermanos, por respetar mis
discos y por los conciertos compartidos.

Y a Paul, Gene, Ace, Peter y los
demás por tantas horas de felicidad.

Índice

PRÓLOGO

por *Xavi Martínez*

Ser fan de KISS siempre ha sido algo muy difícil. Una especie de placentera penitencia que llevo sobre mis espaldas desde aquel lejano 1982 en que los descubrí con el feroz y bombástico *Creatures of the Night*. Son muchos años soportando esa frase que repiten cual mantra esos fans del rock que se hacen llamar «serios» y reza aquello de que «si no fuera por el maquillaje y la imagen ya habrían desaparecido hace tiempo». ¿En serio? ¿De verdad se piensan que una banda puede aguantar casi cuarenta y cinco años por tener una estética molona? Me da a mí que no.

Vamos a dejarlo claro de una vez por todas: KISS es una de las mejores bandas que ha dado Estados Unidos al mundo. Pocos combos han sido capaces de ofrecer tal cantidad de registros dentro de su género. Del proto punk neoyorkino de sus inicios al hard rock alta gama, del power pop e influencias disco al pseudo progresivo, del heavy metal puro al hard AOR... No está nada mal para unos tipos que según dicen son sólo maquillaje. Y no nos olvidemos de lo más importante, algo vital para que una banda perdure; estos cuatro tipos son unos consumados compositores de canciones. Porque si uno aparta toda la parafernalia que los rodea y se centra en lo que de verdad importa, la música, se percata de que KISS tiene canciones memorables a puñados. Pero también es cierto que su música requiere un cierto esfuerzo. Me explico, esto no es AC/DC, que enganchan de forma instantánea a quien se acerca a su música, los discos de los de Nueva York hay que asimilarlos, darles ciertas escuchas y aceptar sus diversos registros. Sólo así sus canciones se meten en tu interior y empiezan a tomar vida dentro de ti y son tan agradecidas que se quedan eternamente.

Partiendo de estas premisas parece que queda claro que no estamos ante una banda musicalmente del montón. Añadamos a esto una imagen estudiada hasta el más mínimo detalle basada en el puro escapismo, la ciencia ficción y el sexo y la ecuación es imposible que falle.

Cuatro personajes salidos de la más calenturienta imaginación de cuatro tipos de la Nueva York más desinhibida, esa ciudad que también nos proporcionó a tótems como New York Dolls, Ramones o The Dictators. Porque en el fondo la banda de Gene Simmons y Paul Stanley no está lejos en absoluto –en sus inicios– de los combos nombrados tanto a nivel musical como de imaginería estética.

Volviendo a la idiosincrasia de nuestros protagonistas y como estaba apuntando, tiene toda la lógica del mundo que su concepción de aunar rock and roll directo y de alto octanaje con una imagen hasta entonces inaudita calara en la juventud norteamericana de mediados de los setenta. Cuatro personajes de cómic –The Starchild, The Spaceman, The Demon y The Cat– tocando un rock directo respaldado por composiciones inmaculadas que versaban sobre sexo y fiesta eran el paso ideal y lógico de los tebeos al mundo del rock and roll.

Pero ¿era todo esto nuevo? Sin duda no, el shock rock no era una novedad, Screamin' Jay Hawkins y Screaming Lord Sutch se encargaron de sentar las bases más de dos décadas antes. Pero sin duda –y esto es algo en lo que me gustaría ahondar en este prólogo– es que KISS lo que hizo fue llevar lo creado por The Beatles al paroxismo. Y esto no es ninguna afirmación gratuita, pero vayamos por partes.

Para empezar, los miembros de la banda eran unos fans devotos de los cuatro de Liverpool (especialmente Simmons y Stanley) y modelaron su concepto de superhéroes en base a lo establecido por The Beatles diez años antes. Un cuarteto donde de cara a los fans todos importaban, cuatro personalidades muy bien definidas de las cuales cada seguidor se podía identificar con su componente favorito (servidor siempre ha sido de Paul Stanley y de John Lennon). No sólo eso, la banda está liderada por dos personajes que comandan musicalmente al grupo –Lennon/McCartney y Simmons/Stanley–, siendo además ambos los principales vocalistas, guitarra rítmica y bajista. ¿Seguimos? Un guitarra solista con mucho talento pero que se lo dejaban mostrar con cuentagotas (Harrison/Frehley) y un batería poco dotado para la composición pero entrañable y básico en la concepción del grupo (Ringo Starr/Peter Criss). Demasiadas similitudes, ¿no os parece?

De paso esto nos lleva a algo que muchos pasan por alto, incluidos a veces los mismísimos Simmons y Stanley: su legado musical, que no es para tomarlo a la ligera. Obviamente lo de Lennon/McCartney está un peldaño por encima, pero KISS han dejado una discografía en la que hay mucho que rascar. Discos como su debut, *Destroyer*, los denostados *Dynasty* y *Unmasked*, donde la búsqueda de la composición perfecta y la melodía tomaron el protagonismo, esa *delicatessen* progresiva llamada *Music From «The Elder»*, el heavy metal de rancio abolengo contenido en *Creatures of the Night* y *Lick It Up*, hasta incluso el voluntarioso esfuerzo hard grunge de *Carnival of Souls* conforman una discografía sólida como pocas, que requiere su tiempo y paladeo y que (¿para qué lo vamos a negar?) el maquillaje ha sepultado un poco.

Podría seguir divagando sobre las razones de su éxito y las enormes virtudes de su música y de su cuidada estética, pero para eso ya están las siguientes páginas de este libro donde mi colega Eloy hace un meritorio trabajo de aproximación a la música y a la historia del combo.

Pero no se puede dejar de lado otra de sus grandes –inconmensurables, diría– virtudes, y esa es su directo. Hasta hace relativamente poco (la edad no perdona) cada concierto suyo era un excitante ritual, no ya sólo por lo bombástico y espectacular de su puesta en escena, sino por poner todas las ganas del mundo sobre las tablas, por no perder nunca ese entusiasmo que debería ser inherente a toda banda de rock and roll que se sube a un escenario. La prueba más fehaciente de mis aseveraciones es fácil de comprobar pinchando uno ese explosivo artefacto grabado en directo llamado *Alive!*. Uno de los tres mejores directos de la historia junto a *Made in Japan* de Deep Purple y *Live at Leeds* de The Who, tal cual lo digo y tal cual lo defiendo ante quien haga falta. *Alive!* es todo lo que una banda de rock debería ser sobre las tablas; una apisonadora de rock dando nuevos bríos a sus creaciones de estudio, tocando con urgencia y como si la vida les fuera en ello. Escuchado con detenimiento este demencial directo es comprensible que despachara millones de copias y volviera a la juventud norteamericana ávida de sexo y rock and roll. Muchos le querrán quitar la magia a este doble álbum argumentando que tiene abundantes retoques de estudio. Y parece ser cierto, los mismos Stanley y Simmons lo confirman, pero sinceramente viendo filmaciones de esa época o escuchando la ingente cantidad de *bootlegs* que hay de esa era, poco difieren de lo ofrecido en *Alive!*. Una urgencia en directo que casi nunca perdieron (incluso en los años sin maquillaje) donde parece confirmarse lo que una vez argumentó Gene Simmons; «Nadie sale de un concierto de KISS diciendo que no ha valido el dinero que ha pagado». Y servidor que los ha visto unas cuantas veces en directo puede confirmarlo. Un concierto de KISS es una liturgia donde se conjugan la emoción, el empaque de la banda y una serie de trucos escénicos que, aunque uno se sabe de memoria cómo y cuándo se van a suceder, no dejan de maravillarnos. Paul volando sobre el público, Ace disparando cohetes y sacando humo de su guitarra, Gene escupiendo sangre y fuego o Peter haciendo su solo de batería desde alturas imposibles conforman uno de los espectáculos más longevos y agradecidos del rock and roll. Algo que cualquiera que se llene la boca con esa palabra, *rock-and-roll*, debería haber experimentado al menos una vez en su vida.

Así, si recopilamos todas las virtudes expuestas aquí se puede afirmar que es una banda que lo tiene todo; composiciones que perduran, discos redondos, variedad estilística, una imagen arrolladora y un directo a prueba de bombas. Y la gran pregunta que nos haremos es ¿por qué su popularidad y aprecio es prácticamente nula entre el seguidor medio del rock y la mayoría de la prensa los despacha con gesto de desprecio? Nunca han contado para revistas «serias» como *Uncut*, *Mojo* o *Ruta 66* (en España) e incluso la populachera *Rolling Stone* tardó cuarenta años en dedicarle su primera portada.

Una de las respuestas podría ser las simpatías que siempre han tenido entre el mundillo heavy, a pesar de que pocos discos de su carrera se podrían englobar en el género. También su calado entre todo tipo de público incluido el infantil (especialmente en Estados Unidos) ha tirado para atrás al integrismo rockero más férreo, ese que no tiene problema en que Mick Jagger salga vestido de jugador de futbol americano al escenario pero sí con que KISS lo hagan de superhéroes. Y finalmente su malditismo cero tampoco sienta bien a cierta crítica y público. Cierto que en sus filas ha habido excesos alcohólicos y cocainómanos pero los dos líderes (Simmons y Stanley) han sabido estar en su sitio y comandar los destinos de la banda durante más de cuatro décadas y con mano de hierro. Siempre he pensado que si hubieran implosionado víctima de los excesos tras la publicación de *Alive!* en 1975 su nombre estaría parejo en reputación rockera junto al de New York Dolls.

Pero al más puro estilo don Quijote se les ladra porque los cuatro componentes de KISS cabalgan. A pesar de su poca repercusión crítica ahí siguen ellos en pleno 2018 (más mal que bien a día de hoy, todo sea dicho) con generosa afluencia de público en sus conciertos y con las cabezas de Simmons y Stanley pensando en las más bizarras ideas para seguir expandiendo su imperio.

Pero ¿todo tiene su fin? Dejando de lado supuestas giras de despedida que parecen estar anunciando, veremos si finalmente legan a la posteridad esa franquicia de bandas tributo (supervisadas por ellos mismos, por supuesto) que en un alarde de mercadotecnia sin precedentes permitirían a generaciones venideras seguir disfrutando del concepto KISS en toda la extensión de la palabra, al menos en directo.

Si esto se hiciera realidad sería la sublimación del concepto de grupo de rock and roll, la culminación del sueño megalómano (y totalmente lícito) de unos chavales de barrio de Nueva York. Unos tipos que han encarnado más que bien aquello de que el que la sigue la consigue, porque KISS lo han tenido todo; canciones, discos redondos, una imagen mediática y muy molona, el directo más espectacular del rock and roll, pero todo conseguido en base a dos premisas que se deben aplicar a todos los aspectos de la vida: la perseverancia en tus propios ideales y que te importe menos que nada lo que los demás piensen de ti. Estas dos premisas avaladas por talento (faltaría más) son la base de cualquier tarea que uno decida emprender en la vida. Con lo cual también podemos añadir que KISS no es sólo una de las más grandes bandas de rock and roll que han existido sino una filosofía de vida.

Poco más se puede añadir a grandes rasgos de lo que es KISS, y de hecho poco puede hacer servidor desde estas líneas. Si ya eres devoto de la banda tendrás más que asimilado y estarás también convencido de todo lo expuesto en este prólogo, si estás leyendo estas líneas y no eres seguidor de la banda, creo que poco puedo hacer para convencerte de sus muchas virtudes, pero aun así te animo a adentrarte en este libro para poder tener una primera e interesante toma de contacto con el universo de la banda más caliente del mundo.

Si este libro consigue despertar el gusanillo KISS en ti, querrá decir que todo el esfuerzo del autor habrá valido la pena, y se te abrirá la puerta a un universo inimaginable del que nunca podrás ni querrás salir, como me lleva pasando a mí en los últimos treinta y cinco años. Palabrita del niño Jesús. Así que sin más preámbulos posicionaros mentalmente en la Nueva York de la segunda mitad del siglo pasado con toda su efervescencia artística y andrógina y tened sólo en cuenta la máxima definitiva: ¡Rock and Roll toda la noche y fiesta cada día!

Xavi Martínez es actualmente redactor en la revista Ruta 66 *y creador del magazine on line rockonmagazine.es. También ha puesto su pluma al servicio de otras publicaciones como* Popular 1, Rock Hard, This is Rock *y* Mondo Sonoro. *Es coautor del libro* Discos Conceptuales; 150 Obras Imprescindibles.

1.
INTRODUCCIÓN

Barcelona, finales de los años setenta. En el patio de un colegio se trafica con cromos, se roe el bocadillo y se juegan partidos de veinte contra veinte. Sin muchas ganas de fútbol esa mañana, deambulo por el recreo sin rumbo fijo hasta que un grupo de compañeros llama mi atención. Se inclinan sobre una revista y señalan fotografías. Me acerco y veo a un tío feísimo pintado como una puerta y disfrazado de algo que no acabo de identificar. La cosa esa saca una lengua de palmo de la que gotea una sangre rojísima.

«Se hizo cortar la suya y le cosieron una de vaca –escucho–. Y mientras toca se muerde las cicatrices y escupe sangre.» ¡Toma castaña!

Obviamente para un mocoso que no hacía tanto que había descubierto el rock and roll de la mano del segundo disco de Elvis y el doble rojo de los Beatles, aquello era un paso más; un paso de gigante de hecho hacia el lado más duro, oscuro y salvaje del rock, siempre desde la perspectiva de un chaval a punto de poner dos cifras a su edad.

Y es que si los Beatles me enseñaron a disfrutar de la melodía y Genesis a apreciar el virtuosismo, el impacto de aquellas fotografías y la posterior búsqueda de alguien (benditos compañeros con hermanos mayores) que me grabara la música de aquellos demonios me introdujo de un plumazo en el mundo del hard rock, abriendo una compuerta por la que no tardarían en colarse Deep Purple y Rainbow, Alice Cooper, Led Zeppelin, Whitesnake y un largo etcétera de despreciables y piojosos melenudos.

Fan de KISS pues desde el minuto uno, consiguiendo el *Alive!* en una TDK que llevé a casa en mi cartera del colegio como quien lleva un secreto de Estado, los de Nueva York infectaron mi frágil e influenciable psique infantil con un virus para el que nunca me he molestado en buscar cura. Primero, porque no me ha dado la gana, y segundo porque ver a algún amigo renegar de ellos cuando creyó hacerse mayor, me causó una sensación de profundo desprecio.

Como bien dice Xavi Martínez en el estupendo prólogo que acabáis de leer, los de KISS nunca fueron santos de la devoción de la prensa y la crítica especializada, ni tampoco de gran parte del público rockero. Los fans del heavy metal en su gran mayoría siempre les fueron fieles, cierto, pero el aficionado al rock o bien nunca les vio la gracia —erróneo pero lícito— o bien, como he comentado, fue fan de ellos en su niñez y pasó luego a negarles tres veces como Pedro, temiendo que los amiguetes listillos y enrollados que ya iban por Grateful Dead, Velvet Underground o Leonard Cohen los tildasen de infantiles.

Una vergonzosa falta de personalidad, por la que no pocos se convencieron de que a ciertas edades no resulta pertinente escuchar a KISS, o si hay que hacerlo, sólo cabe disfrutarlos entre la ironía y la condescendencia, como el que ve una serie de dibujos de su infancia muchos años después.

Pero todos ellos se equivocan. La música de KISS es una de las más atemporales que existe en este lúbrico burdel llamado rock and roll. Prácticamente todos sus clásicos han pasado la prueba del tiempo con nota y tanto el hedonismo desatado como la fantasía inherente a su propuesta pueden seguir disfrutándose como el primer día.

Lo que sí es verdad es que para entrar en su particular universo es preciso suspender la incredulidad más tiempo que con muchos otros artistas. El maquillaje, los trajes, los trucos escénicos, toda la parafernalia acompañada de una música que es puro sexo, puro desmadre y escapismo requieren del espectador un cierto esfuerzo, una cierta voluntad de querer adentrarse y formar parte de esa experiencia. Pero es la misma predisposición con la que uno se enfrenta a un film fantástico de serie b, o a un cómic repleto de superpoderes. O incluso a un espectáculo de circo clásico.

Hay personas que pierden esa predisposición con la edad, y otros que la conservan contra viento y marea. Los primeros son aquellos que están convencidos de que la edad adulta requiere unos estímulos culturales y de ocio exclusivamente adultos. Los segundos, también llamados *frikis*, son aquellos que, por lo que respecta a su ocio, quedan mentalmente anclados en un punto indeterminado entre su adolescencia y su primera juventud y dejan de crecer en ese sentido.

Particularmente una u otra opción me parecen de una inmadurez sonrojante. Nunca he visto la más mínima incompatibilidad entre crecer y disfrutar tanto de Spielberg como de Murnau, de Verne como de Auster o de Hergé como de Alan Moore. Y del mismo modo en que puedo extraer tanto placer de una cena cara y refinada como de una hamburguesa grasienta entre capas de colesterol, nada me ha impedido descubrir a Nick Cave, Tom Waits o Father John Misty al tiempo que sigo pasándolo bomba con Slade, Twisted Sister o, por supuesto, KISS.

Vivimos tiempos extraños, damas y caballeros. Tiempos de redes sociales y de cambios en los roles tradicionales, tiempos tan políticamente correctos y a la vez tan interconectados en información, opinión e idioteces que corremos el riesgo de perecer sepultados entre huracanes de rebuznos.

Por ello enfrentarse a la música de KISS y a su deliciosamente desmesurado sentido del rock y el espectáculo se me antoja más necesario que nunca. Como vacuna contra la avalancha de mediocridad imperante y como puerta de emergencia ante el tedio, la seriedad y el cinismo de una era que cree saberlo todo y, en realidad, no se entera de nada. Esto es espectáculo, damas y caballeros. Y pinchen el disco o acudan a nuestro *show*, la idea y los objetivos son los mismos: disfrutar y hacerles disfrutar. Rock y evasión, puro y duro escapismo a volumen once.

Y con esa misma idea en mente decidí encarar este libro, pues las siguientes páginas son un humilde intento, por parte de un fan, de ofrecer información a la vez que hacer pasar un buen rato.

Cuando se me propuso escribir una biografía de KISS lo primero que tuve claro es que tenía que ser entretenida. No diré hilarante, pero sí amena y divertida, como ellos mismos y su música, pero sin desdeñar el dato objetivo y la secuencia cronológica.

Así, en la primera parte del libro encontrarán una biografía en formato clásico, dividida en doce capítulos, mediante la cual he querido resumir más de cuatro décadas de una banda de rock and roll en activo. Y no crean que ha sido fácil. El argumento de esta historia tiene cien mil vericuetos, cientos de personajes y docenas de subtramas. Con esa historia contada de forma más o menos tradicional espero que el lector confirme lo que ya sabía o descubra datos que desconocía, y siempre con una premisa en mente: aquí no hay verdades absolutas.

Si algo está claro cuando uno se enfrenta a las fuentes de la historia de KISS, es que existen como mínimo cuatro de ellas, cuando no más, y que cada uno de ellos tiene su propia versión y que esta muchas, muchísimas veces, contradice la del resto. ¿Con cuál se queda pues aquel que pretende hilvanar un relato más o menos coherente? Sinceramente, con la que le parece más plausible, pero nunca considerándola dogma. En cualquier caso, la historia de KISS, tal como la encontrarán aquí narrada, puede adolecer de algunos datos e incluso contener algunas inconcreciones, pero ninguna de ellas ha sido inventada. No por el autor, al menos.

La segunda parte del libro he querido dividirla en varios capítulos para profundizar en aquellos aspectos que han hecho de KISS el fenómeno que es a día de hoy. Así, se analizan de forma esquemática toda aquella escenografía que ha definido su espectáculo a lo largo de su carrera, así como el maquillaje y las vestimentas como marca de fábrica.

Por otro lado, al ir escribiendo la biografía de la banda me di cuenta de que existían muchas anécdotas y pequeños detalles que, de encajarlos en la narración, le harían perder ritmo, por lo que decidí agruparlos en un capítulo aparte; y por supuesto, no podía faltar un apartado dedicado exclusivamente a los artículos más emblemáticos y/o estrambóticos dentro del inmenso catálogo de *merchandising* de KISS.

La banda vista por colegas de profesión, una discografía y una videografía exhaustivamente comentadas completan un trabajo que, repito, tiene como principal objetivo encontrar el punto óptimo entre el rigor periodístico y la lectura como diversión.

Si lo he conseguido o no, queda por supuesto a juicio y sentencia del lector.

2.
LA HISTORIA DE KISS

UNA HISTORIA DE NUEVA YORK

El niño de las canicas

Pese al título de este primer capítulo, nuestra historia no podría empezar más lejos de Nueva York, la ciudad que centrará buena parte de este relato y que se convertirá en escenario y hasta protagonista, en más de una ocasión, de la gran aventura que están a punto de leer.

Así pues, situémonos en un punto de partida –porque por algún lugar hay que empezar– un tanto inopinado: en Israel, en la ciudad de Haifa concretamente. Allí en el año 1949 nacía el pequeño Chaim Witz, de padres judíos oriundos de Hungría, establecidos en el recién creado Estado sionista tras no pocas vicisitudes y calamidades familiares durante la Segunda Guerra Mundial. Una infancia en principio tranquila, la del pequeño Chaim, que muy pronto se vería alterada con el divorcio de sus progenitores en 1955 y la emigración tres años después rumbo a la tierra prometida –la de verdad– de la mano de su madre, quien ya tenía dos hermanos viviendo en América. Instalados en Brooklyn, y con el nombre ya cambiado a un intermedio Gene Klein, el niño recién llegado se enfrentaba no sólo a un nuevo país y una nueva cultura, sino a toda una nueva concepción del mundo, radicalmente distinta a lo que había conocido hasta entonces: «Recuerdo que había un anuncio con Santa Claus bebiendo una Coca-Cola. Yo no podía creer lo que veían mis ojos. Primero, porque nunca había oído hablar de Santa Claus así que pensé

que era un rabino, por la barba. Para mí el mundo estaba compuesto de judíos y árabes, y eso era todo. En Israel nunca habíamos oído hablar de católicos o cristianos. Nunca habíamos oído hablar de Jesucristo para nada».

La barrera del idioma, por otro lado, no le facilitó las cosas con el resto de chavales del barrio. Sin tener ni idea de inglés, empleaba el tiempo que no estaba en la yeshivá –escuela talmúdica en la que se tiraba más de ocho horas al día– viendo la televisión de forma compulsiva, absorbiendo el lenguaje y la cultura popular que tanto habrían de marcarle en un futuro. En algo sí se relacionaba con los demás niños, empero, y era en el juego de las canicas. Competitivo desde la cuna, con una tendencia casi psicopática por ser siempre el mejor en todo aquello que se propusiera, Gene aguantaba las risas y bromas de sus vecinos cuando trataba de decir algo en un inglés pedestre y rudimentario, pero cuando al terminar cada partida se llevaba las canicas de todo el mundo para casa, ya nadie se reía.

Más allá de la educación histórica y religiosa tradicional que su madre le proporcionaba, su formación se completaba, además de con los programas de televisión, con revistas hoy legendarias como *Famous Monsters of Filmland* o los tebeos de superhéroes de DC Comics. En la lectura de aquellas publicaciones, eminentemente gráficas –una ventaja añadida para alguien que aún tenía muchas dificultades con el idioma de Shakespeare–, se gestó buena parte del concepto, tanto ético como estético, que Gene habría de aplicar a la banda con la que se haría mundialmente famoso en el futuro.

En 1961 Gene y su madre se mudan a Jackson Heights, en Queens. Allí se matricula en la escuela pública, un ambiente menos rígido que el de la yeshivá, que le permite tener más tiempo libre e iniciar una nueva afición en la escritura de relatos de fantasía. Fascinado por la prehistoria en general y por los dinosaurios en particular, crea su propio personaje «Omar, el Habitante de los Acantilados», hace copias en ciclostil y las distribuye en el colegio: «uno de mis favoritos era el pterodáctilo. Tenía esa estructura ósea en un extremo de su cabeza que usaba para aturdir a sus víctimas. En términos de mi imagen sobre el escenario, sacando la lengua y con el moño coronando mi peinado, creo que hay una semejanza interesante». Pronto se saca de la manga material suficiente para editar sus propios fanzines, con la ayuda de algunos amigos, satisfaciendo por un lado su ya veterana pasión por la ciencia ficción y el cine de terror, y por otro induciéndole una nueva: ganar dinero. Con un espíritu emprendedor y una sólida ética del trabajo que mantendrá a lo largo de toda su vida, Gene pasó su adolescencia, hasta los primeros años de KISS, empleado en las ocupaciones más diversas siempre que fueran legales y le reportaran un cierto peculio.

La chispa de una vocación

En lo referente al rock and roll, su primer encontronazo serio con la música del diablo vino de la mano de Chubby Checker y su «The Twist», editado en 1960 y todo un fenómeno nacional, de costa a costa, al año siguiente. Además le vino de perlas para ligar, otra temprana afición que con el tiempo se convertiría en legendaria. Las aventuras sexuales –reales e inventadas– de nuestro hombre en particular y de KISS en general, en cualquier caso merecerían capítulo aparte. Pero lo que haría saltar la chispa definitivamente fue algo que hizo saltar similares chispas en miles de hogares en todo el país: la actuación de los Beatles en el «Ed Sullivan Show», en febrero de 1964. Como a tantos otros críos norteamericanos frente al televisor, aquellos cuatro peludos inglesitos le causaron tanto estupor como excitación. Una sensación nueva, reforzada por el rechazo frontal de su madre ante lo que consideraba unos gorilas aporreando sus instrumentos. Y es que… ¿qué hay más atractivo, a una cierta edad, que encontrar algo que puedas considerar exclusivamente tuyo ayudado por la incomprensión y el repudio de tus padres? Hubo un tiempo, no tan lejano, en que ese algo se llamó rock and roll y Gene siempre pensó que ese rechazo parental ayudó y no poco al temprano éxito de KISS a través del exceso.

El siguiente paso estaba claro: montar una banda. Y de ese modo, a partir de 1965 y ya fuera como cantante en combos de instituto como The Missing Links o The Rising Suns o a través de primerizas bandas de aprendizaje como Long Island Sounds, el joven Gene descubrió que su endémico afán de notoriedad, su gusto por ser el foco de atención, quedaba satisfecho con la atención que el público le dispensaba.

En 1967 un bajo japonés imitación del de McCartney y una guitarra Kent regalada por mami harían el resto y Gene dejaría los Sounds al año siguiente para entrar en la Universidad y formar Bullfrog Bheer en el repertorio de los cuales, entre las inevitables versiones de los *hits* del top 40, ya coló ciertas composiciones propias, algunas de las cuales terminarían tanto en el primer disco de KISS como en su disco en solitario diez años más tarde.

Pero todo cambiaría en el otoño de 1970, cuando el guitarra de Bullfrog Bheer se puso enfermo. Buscando un recambio, Gene pensó en Steve Coronel, su antiguo compañero en los Sounds. Fue a verle a su casa y allí conoció a aquel tipo, un tal Stanley Eisen.

Voy a ser una estrella del rock

Stanley compartía orígenes humildes –y judíos– con Gene; nacido en 1952 en el Upper Manhattan, su familia se mudó a Queens cuando él tenía ocho años. Allí vivió una infancia y una adolescencia un tanto solitarias, mostrando cierta rebeldía desde temprana edad, lo que no le granjeó el aprecio de un vecindario más bien acomodado. No es que Paul obrara como un fuera de la ley, pero aunque era brillante cuando le daba la gana, la escuela no era lo suyo, por decirlo de algún modo. Tenía algún amigo, aunque pasaba la mayor parte del

tiempo solo, sabiéndose especial y diferente – no acudió a la escuela hebrea ni tuvo su *bar mitzvá*– y disfrutando, en cierta manera, de ello. En lo que sí mostró un interés y talento especial fue en las artes, un paso previo a su interés por el rock que le llegó primero de la mano de Eddie Cochran o The Drifters y más tarde, por supuesto, de los Beatles y los Stones. Sus padres, amantes de la música clásica y la ópera y que habían previsto una brillante carrera de medicina para su hijo, dieron finalmente su brazo a torcer ante la determinación artística del joven Stanley. Su respuesta ante su permiso, no obstante, no

pudo ser más profética: «no voy a ser un artista. Voy a ser una estrella del rock». Con la verdad revelada por los Beatles en el *show* de Ed Sullivan, al año siguiente como regalo de cumpleaños recibió de sus padres una guitarra acústica y unas clases particulares. De ahí a juntarse con otros chavales y empezar a versionar a los Byrds, los Kinks o Lovin' Spoonful en un borrador de banda llamada Post War Baby Boom mediaron pocos pasos. Nada serio, pero que le ayudó a foguearse. Graduado en la High School of Music and Art en 1970, se matriculó en la universidad tan sólo para conseguir una beca. En cuanto la obtuvo se compró un coche y se largó para siempre del mundo académico y formó una nueva banda llamada Uncle Joe. Uno de los guitarristas que por ella pasaron era Steve Coronel, que como hemos visto también había tocado con Gene en Long Island Sounds. Como todas las bandas de Stanley hasta aquel momento, no llegó muy lejos. Y así volvemos al momento del encuentro en casa de Coronel, la génesis de una de las asociaciones musicales que habría de pasar a formar parte de la historia del rock, y así lo recordaba él mismo unos años más tarde: «Un día, con el grupo ya disuelto, yo estaba en casa de Steve cuando entró ese tipo gordo con barba. Necesitaba a Steve para reemplazar al guitarrista de su grupo, que estaba enfermo. Y entonces dijo: "este es mi amigo Stanley. También escribe canciones". […] El tipo dijo "¿Ah sí? Déjame escuchar alguna". Yo, siendo amable, me senté y le toqué un par de temas. Ese tipo pensaba que sólo él y Lennon y McCartney escribían canciones. Cuando terminé dijo "mmm, no está mal". El tipo estaba impresionado porque ahora sabía que no estaba solo en el mundo. Ahora sabía que éramos cuatro los que escribíamos canciones. Y ese tipo era Gene. Y le odié».

Wicked Lester

Y es que si algo compartían ambos músicos era una confianza en sí mismos que excedía todos los límites. Cada uno consideraba su material no bueno ni muy bueno sino excepcional. Por suerte para nosotros, su recelo inicial –derivado de una inconfesada admiración mutua– pronto derivó en respeto y confianza en las posibilidades y talento del otro. No de forma inmediata, pues tras esa primera toma de contacto seguirían cada uno por su lado –sin mucha suerte, todo hay que decirlo– durante un tiempo. A finales de 1971 Gene formó equipo con un teclista llamado Brooke Ostrander, grabando una demo con varios temas, y empezó a buscar sello para editarlas. Chico listo, sabía que el camino correcto no era tirar hacia las grandes compañías, sino hacia algo más modesto pero con buena distribución, y lo encontró en Janus Records, una *joint venture* entre GRT y la británica Pye, distribuida por Columbia. Los responsables de Janus le dijeron que formara primero una banda, y habría tra-

to. Sin tiempo que perder Gene con-
tactó de nuevo con Coronel, quien le
convenció de incorporar a Paul como
guitarra rítmica. Y así los tres, junto a
Ostrander y un batería llamado Tony
Zarrella se convertirían en Rainbow,
nombre que no tardarían en cambiar a
Wicked Lester.

Durante la corta trayectoria de la
banda, Gene y Stanley irían acercán-
dose paulatinamente, descubriendo el
uno en el otro un reflejo de sí mismos,
de su ego y sus irrefrenables ansias de
triunfar. Descubrieron, en definitiva,
que existía eso que se llama química.

También descubrieron que con lo que tenían entre manos el éxito era algo harto improbable y que necesitaban ir un paso más allá tanto en lo musical como en lo estético. El destino jugó entonces sus bazas. Un día, en una tienda de ropa, un tipo que dijo llamarse Ron se acercó a Stanley y le dijo que tenía aspecto de cantar en un grupo. Le dijo también que él trabajaba en los Electry Lady Studios y que si alguna vez tenían algún material grabado, que le diera un toque. Excitado ante la oportunidad, no tardó ni un segundo en contárselo al resto, diciéndoles que había que traer a ese tipo al local de ensayo –un loft que tenían alquilado en Chinatown– y mostrarle su potencial. Pero cuando llamó y le pasaron con un ingeniero del estudio llamado Ron Johnsen, este no sabía de qué le estaba hablando. Al parecer, el Ron que le había interpelado en la tienda de ropa sí trabajaba en Electric Lady ¡pero como limpiador! Una experiencia así habría desanimado a muchos artistas, pero no a nuestro protagonista, que empezó una campaña de acoso y derribo a base de docenas de llamadas –filtradas por secretarias y demás intermediarios– hasta que Johnsen se puso finalmente al aparato, sólo para oír a Stanley decir «es por gente como tú por lo que mi banda se va a tener que separar». El productor cedió, fue al local de ensayo y le gustó lo que vio. Les dijo que les grabaría unas sesiones y que si conseguían venderlas, sería su productor. Pero tardó tanto en ponerse en contacto con ellos de nuevo que la banda ya se había disuelto, no muy amigablemente. Obligados a reunirse de nuevo, cabreados unos con otros, el disco de Wicked Lester se grabó en distintas sesiones a lo largo de 1972 y no los dejó satisfechos en absoluto, aunque dos de las canciones grabadas entonces –«Love Her All I Can» y «She»– pasarían a formar parte de su repertorio más adelante.

CBS, a través de Epic Records, se hizo con los derechos pero el álbum no llegó a publicarse en su momento, y nunca lo haría: unos años más tarde y ya instalados en la cima del éxito, Gene y Paul temieron que Epic quisiera capitalizar su éxito en aquellos momentos publicando el disco, pero para su sorpresa los entonces capitostes de Epic no tenían ni idea de la conexión entre ellos y Wicked Lester. Así pues, pudieron comprar las grabaciones sin problemas, con la única intención de que nunca vieran la luz. Sí lo harían muchos años después en diversos *bootlegs*, y sólo de forma oficial con tres de sus temas en la box set editada en 2001.

Batería dispuesto a todo

En cualquier caso, Wicked Lester estaba herido de muerte a finales de año: «Gene y yo estábamos descontentos con la dirección de la banda. No había objetivo alguno, parecíamos gente esperando el autobús. Queríamos hacer algo original, y surgió la idea de crearnos unos personajes. Originalmente yo iba a ser un pistolero y Gene un cavernícola. En realidad ese fue el principio de la idea para KISS, pero no iba a funcionar con Wicked Lester».

Así las cosas, Gene y Stanley despiden al resto y, con un nuevo concepto en mente, se ponen a buscar nuevos músicos. Al poco, leen un anuncio en *Rolling Stone* que, según la leyenda (no contrastada) decía: «batería, once años de experiencia, con ganas de hacer cualquier cosa». Descuelgan el teléfono y contesta alguien que dice llamarse Peter.

George Peter John Criscuola había nacido en 1945, en una humilde familia de ascendencia italo-irlandesa y en una de las zonas más deprimidas de Brooklyn. Pero no fueron las estrecheces económicas lo que marcó la infancia de Peter, sino su ingreso en un colegio católico que siempre recordó como «un campo de concentración». Castigado a menudo por unas monjas en funciones de carceleras, trató de librarse de las clases de todas las maneras posibles hasta que sus padres no tuvieron más remedio que cambiarlo a una escuela pública, con una inmediata mejora de su rendimiento escolar. Pero llegó la adolescencia y con ella la única opción que le quedaba a un chaval del barrio si no quería que le zurraran la badana día sí y día también: ingresar en una pandilla. En su caso, los Phantom Lords, una de las más importantes de Brooklyn con varios cientos de miembros. Peter siempre dijo que, pese a que en su momento parecía algo romántico y excitante, en realidad era una locura, algo demencial y perverso con arrestos, asesinatos y demás.

De todos modos, desde pequeño había querido ser batería. A los trece años ya tocaba –con un set artesanal– en la calle o el metro con un grupo de doo-wop y a los dieciséis cobraba entre diez y quince pavos en clubs y bares con una banda llamada The Barracudas. Pero fue a los dieciocho cuando su vida cambió, al reemplazar una noche al indispuesto batería de Joey Greco & the In Crowd, un grupo que tocaba en el Metropole Cafe. Fichado como reemplazo lo dejó todo (trabajo, instituto, su anterior banda) y empezó su aprendizaje en serio, reforzado por un habitual del Metropole del que se hizo amigo; nada menos que el legendario Gene Krupa.

Peter pasaría la mayor parte de los sesenta tocando en docenas de bandas, interpretando mayormente material ajeno hasta recalar primero en Brotherhood y más tarde en Chelsea. Con estos últimos grabaría un álbum homónimo para Decca en 1970, pero la cosa no pasaría a mayores y la banda mutaría en trío, rebautizándose como Lips; un combo en el que, junto a su buen amigo Stan Penridge, escribiría varios temas que años más tarde pasarían a engrosar el repertorio de KISS. Pero el proyecto se diluyó lentamente sin llegar a nada. Desanimado, compuesto y sin grupo, se dedicó a vegetar y autocompadecerse durante una breve temporada hasta que a mediados de 1972 se le ocurrió poner un anuncio en *Rolling Stone* ofreciendo sus servicios como batería experimentado. Un par de ensayos, en los que no sólo demostró sus virtudes a las baquetas sino también su capacidad como cantante, bastaron para convertir a Gene y Paul en un trío.

Ensayos y más ensayos

Pero el camino a la fama es duro, algo de lo que ellos eran conscientes. Así que durante el otoño de 1972 la banda ensaya duro en su nuevo local, un almacén en la esquina de la 23 con la Quinta Avenida; pero las facturas hay que pagarlas, así que Gene se dedica a dar clases de primaria, Paul curra de taxista a tiempo parcial y Peter sigue aporreando los tambores en una banda de versiones que actúa casi en exclusiva para clubs de la mafia, hasta que le despiden por tocar demasiado fuerte.

En el local de ensayo empiezan a hacer pruebas de maquillaje, conscientes eso sí de no ser los primeros, tal como Gene reconoce: «antes que nosotros estuvieron Alice Cooper y David Bowie y antes que ellos, en los sesenta, The Crazy World of Arthur Brown. En los cincuenta tenías a Screamin' Jay Hawkins, que solía salir de un sarcófago llevando un bastón con una calavera. [...] Nos dimos cuenta de que para crear nuestro propio concepto deberíamos llevar ese material anterior a nosotros un paso más allá».

Coetáneos de los New York Dolls, se dejaron influenciar por su sentido de la teatralidad y, sobre todo, por el hecho de que todos ellos parecían formar parte de un todo, una idea –la de la pertenencia inequívoca a un grupo– que ambos tenían muy claro que debían aplicar a la banda que querían ser.

Otra de las cosas que tenían muy claras es que no querían formar parte de la escena neoyorkina del momento, cargada de glamour y lentejuelas pero imbuida de una apariencia y superficialidad totalmente contrarias a su filosofía, ya por entonces seminalmente empresarial. Según Paul «todo el mundo menos nosotros andaba alternando y dejándose ver por el Max's Kansas City. Todos andaban muy ocupados tratando de parecer estrellas de rock. Nosotros andábamos ocupados convirtiéndonos en estrellas de rock».

Y ocupados andaban, sin duda. Con una disciplina espartana ensayaban doce horas al día mínimo, ignorando fiestas y festivos. Si era Acción de Gracias, la madre de Peter les llevaba unos bocadillos de pavo. Si era Navidad, se ventilaban una botella de brandy o de oporto para combatir el frío. Pero ensayar era lo primero. No querían bajo ningún concepto presentarse en directo y que la gente pensara «ok, no están mal para estar empezando». Ni hablar. Cuando debutaran en directo, la gente tendría que quedarse pasmada. Y para ello decidieron que necesitaban, además de trabajar como galeotes, un guitarra solista que afianzara el sonido global de la banda. Para encontrarlo pusieron un anuncio en el *Village Voice*, al que respondieron docenas de guitarristas. Algunos buenos, otros mediocres y otros tantos pésimos. Hasta que en una de las audiciones se presentó un tipo peculiar, mezcla de asiático y escandinavo, con un extraño bigote. Dijo llamarse Paul, enchufó la guitarra y en cuanto terminó su solo, aunque aún no de forma oficial ya estaba admitido.

La pieza que faltaba

Paul Daniel Frehley había nacido en el Bronx en 1951, hijo de un electricista alemán y una granjera de Carolina del Norte cuya madre era una cherokee pura sangre. Al igual que el otro Paul, el pequeño Frehley pronto desarrolló una especial afición por el arte en general y el dibujo en particular, al tiempo que destacaba en todo tipo de deportes escolares. Rodeado de música en el hogar desde edades muy tempranas –padres y hermanos tocaban todos el piano con soltura–, sus primeros pasos al respecto los dio con una guitarra eléctrica que recibió como regalo en las Navidades de 1964. Pero pese a esa temprana afición, no se libró de la etapa pandillera  que afectaba a casi todos los mozalbetes de los barrios más o menos populares. Hasta el momento en que, como hemos visto que también le ocurrió a Peter, se dio cuenta de que las cosas estaban empezando a llegar demasiado lejos y supo salirse a tiempo: «la música me apartó de toda aquella escena; en vez de perder el tiempo en cualquier esquina en busca de bronca, yo estaba ya ensayando con mi banda. La música me salvó».

El punto en que tuvo claro que no quería hacer otra cosa en su vida llegó cuando tenía dieciséis años, tras asistir a un concierto de Mitch Ryder en un teatro de Manhattan, teloneado por The Who y Cream: «Tras el *show* decidí que quería ser un músico de rock profesional y que nada iba a detenerme hasta conseguirlo». Desde ese mismo instante nunca dejó de tener un grupo, de tocar en una banda u otra, aunque ninguna trascendió lo suficiente para salir del circuito local. Graduado en el instituto, empezó a saltar de empleo en empleo (repartidor, cartero, taxista) durante el día, mientras pasaba las noches agarrado al mástil de su guitarra. Pero nada parecía cuajar, ninguna banda parecía encajar en lo que andaba buscando hasta que un día se topa con un anuncio en el *Village Voice* en el que se pide un guitarrista. Tras el cuestionario telefónico básico de Gene, le piden que vaya a hacer una prueba. Tan seguro de sí mismo como siempre pero sin pasta ni para un taxi, le pide a su madre que le lleve en coche a él, a la guitarra y al ampli a la audición: «Cuando llegué al local me dijeron "Vamos a tocar una canción. Escúchala una vez y luego te unes a nosotros". Tocaron "Deuce" y me enamoré del tema. Me dije "Guau, esto suena muy bien". Me levanté y empecé a improvisar. La canción estaba en *la* y simplemente hice un solo a lo largo de ella. Todos sonreían. Improvisamos durante algunos temas más y entonces me dijeron "Nos gusta mucho cómo tocas. Te llamaremos"».

Esa llamada llegó apenas dos semanas después. Y con ella, quedaba cerrada la formación de una banda que iba a asombrar al mundo entero. Una banda todavía sin nombre.

EL PRINCIPIO DE UNA LEYENDA

Cuatro músicos en busca de personaje

Enero de 1973. Paul está conduciendo su Mustang con Peter al lado y Gene en el asiento trasero. Durante el trayecto van pensando nombres para la banda en voz alta. Como siempre en estos casos, salen propuestas entre lo extraño y lo ridículo; van riendo mientras aparecen nombres imposibles hasta que en un momento dado Paul pregunta «¿y qué tal KISS?». Ninguno de ellos ríe. Simplemente, encajaba como un guante.

Bautizados como banda y rebautizados como músicos, Gene Simmons, Paul Stanley, Peter Criss y Ace Frehley están seguros de haber alcanzado ya un buen nivel de compenetración. Así, a finales de mes les surge la oportunidad de debutar en directo en un local llamado Popcorn, en la esquina de Queens Boulevard con la 47. Imprimen *flyers* e incluso un póster para el que Ace diseñaría el famoso logo del grupo: «Yo creé el diseño del nombre y la única diferencia entre aquel primer dibujo y el logo tal y como es hoy es que puse un punto en la i como si fuera un diamante. A pesar de lo que diga la gente, no estaba pensando en las SS nazis cuando lo diseñé. De hecho, pensaba más bien en dos rayos. Y mis primeras botas lucían dos relámpagos en los lados».

El 30 de enero, día del estreno, al local –que había cambiado su nombre por el de Coventry– no acudió prácticamente nadie. Pero igualmente sonaron como un trueno. Ni una sola versión, quince temas propios disparados con una soltura sorprendente, la mayoría de los cuales terminarían en el *track list* de sus dos primeros álbumes. Pero si en lo musical estaban lo suficientemente maduros, el tema de la imagen estaba todavía en pañales. Tanto el maquillaje como la vestimenta –entre el negro y el plateado– eran todavía muy artesanales y pasarían no pocos *shows* hasta que cada uno encontrara finalmente la imagen definitiva para su personaje. Unos personajes, eso sí, que tenían muy claros en su cabeza: Gene quería semejar una especie de demonio con alas de murciélago y un moño diabólico en la cabeza, Peter tenía claro que sería un gato y Ace se inspiraría en cierta iconografía espacial. Paul, por su parte, soslayaría la imagen clásica del mimo estampando –a sugerencia de Ace– una gran estrella negra en su ojo derecho. Tras dos *shows* igual de vacíos en el Coventry la banda se retiraría al local durante tres semanas para ensayar y reflexionar sobre qué había fallado. Gene era el único que trabajaba aparte del grupo y por ende, el que pagaba las facturas: «Paul y yo compartíamos el alquiler del local, pero yo pagaba todo lo demás. Aunque llevaba anotadas las cuentas, apuntando todo lo que los demás me debían». Mucha ilusión y mucha energía, pero las cuentas bien claras desde el principio.

Paso a paso

Tiempos duros en cualquier caso, ejemplo para todos aquellos que creen erróneamente que existen atajos en el largo camino a la fama. Ellos sabían que no era así, y lo único que tenían era su capacidad de trabajo y una inquebrantable fe en sí mismos. Tal y como decía Paul: «Le dedicábamos al grupo las veinticuatro horas. Creo que es importante que la gente sepa que la clave del éxito es el esfuerzo y el tiempo que le dedicas. Nada es gratis. No se trata de suerte. Es creer en ti mismo y de verdad darlo todo».

Y en ello estaban cuando Lew Linet, su mánager desde los tiempos de Wicked Lester, les consiguió unas fechas en The Daisy, un pequeño club en la costa sur de Long Island. El público que acudió, habitual del local, fue más numeroso que el del Coventry, pero se quedaron tan boquiabiertos con lo que veían sobre el escenario que se olvidaban de beber. El hard rock de KISS, su energía y sus pintas dejaban estupefacta a la audiencia, para desespero del dueño del local, que veía la barra vacía. Pero a la noche siguiente el público había doblado su número, y para cuando volvieron en marzo los *shows* ya fueron *sold out*. Su nombre empezaba a ser conocido. Tras volver al Coventry para unos pases de fin de semana, la banda parte peras con Linet, que nunca estuvo involucrado al cien por cien con ellos al no compartir ni su concepto ni, especialmente, el volumen al que tocaban. Se separan amistosamente y

empiezan a ejercer como sus propios representantes, con Gene vendiendo la banda a quien se pusiera a tiro.

Más allá de su imagen aun en ciernes, si algo los diferenciaba del resto de bandas de su entorno era su capacidad de promocionarse. Daba igual que su nombre fuera todavía apenas un rumor en voz baja en una ciudad atestada de músicos pugnando por hacerse un hueco. Ellos no buscaban un hueco, buscaban un enorme cráter del que emerger con la potencia de una erupción volcánica y con ese objetivo no escatimaron esfuerzos publicitarios. Al respecto, Gene recordaba que en esa época «trabajaba en *Vogue*, como asistente del editor y tenía acceso a la sala de correspondencia, al departamento de maquetación y a las fotocopiadoras. Nos hicimos unas fotos y escribimos una pequeña bio, y yo elaboré una lista de correo. De las revistas comerciales saqué un listado de compañías discográficas y otro de revistas musicales y prensa diaria de Nueva York. Cada vez que tuviéramos un bolo, haría un envío de mail masivo. Imprimí entradas de regalo e invité a todo el mundo a vernos la primera vez que tocamos en la ciudad».

El encuentro con Bill Aucoin

Esa primera vez fue el 4 de mayo, en un local de Bleecker Street, en Greenwich Village abriendo para The Brats y Wayne County. La flor y nata de la noche neoyorkina se acercó por allí, incluyendo a Debbie Harry y a los New York Dolls. Fue una buena noche, pero nada especial surgió de la misma,

Bill Aucoin, el quinto KISS

ni tampoco sus seguidores crecieron de forma exponencial. Inasequibles al desaliento, seguirían sembrando, con paciencia, a la espera del *show* que les haría dar el salto definitivo. Conscientes de que era difícil, por no decir imposible, que alguien los contratara más allá de los bares y clubs de costumbre, deciden organizar ellos mismos el siguiente concierto. Para ello alquilan The Crystal Room, la sala de bailes del hotel Diplomat, un tugurio entre la Sexta Avenida y la calle 43, y empapelan medio Manhattan con pósters anunciando el evento para el 13 de julio, con tres bandas en cartel: The Planets, luego ellos y cerrando, The Brats. Se gastan un dineral en toda la producción, pero el esfuerzo vale la pena: más de quinientas personas pagan religiosamente su entrada para verlos. Fans primerizos, artistas varios y gente del mundillo y de la industria.

Una buena jugada que, esta vez, les sale bien. El concierto es un éxito, su nombre empieza a sonar ahora en serio. Hay una nueva banda de rock en la ciudad, y todo el mundo habla de ella. Pero será con el siguiente *show*, el diez de agosto, cuando las cosas empiecen a despegar ya de forma imparable. De nuevo actuando como promotores de su propio concierto, esa noche había entre el público un tipo trajeado y con el pelo corto que resultó ser amigo y compañero de piso de Sean Delaney, uno de los ejecutivos a los que Gene solía bombardear en sus listas de correos. Su nombre, Bill Aucoin, responsable de Direction Plus, una empresa especializada en anuncios de rock and roll para la televisión. Al terminar el *show* se acercó a hablar con Gene y este, aunque se mostró un tanto distante, accedió a tener una entrevista con él al día siguiente. Paul le acompañó, tan escéptico como su compañero, tras no pocas decepciones hasta aquel momento: «La verdad es que yo no estaba ni siquiera interesado en conocerle. En el mundo del rock and roll sueles desengañarte muy pronto. Hay tanta gente diciéndote 'voy a hacer de ti una estrella, eres lo mejor que he visto nunca… Esa gente está llena de mierda, y si se te ocurre firmar el papel equivocado, acabas siendo propiedad de alguien. Puedes acabar muy jodido en este negocio. Aún así, fui con Gene a verle. Y ocurrió lo mismo que cuando Peter o Ace se unieron a la banda. Fue el siguiente paso. Se convirtió en otro miembro de la familia, la química fue perfecta».

Por su parte Sean Delaney, el hombre que había insistido a Bill para que fuera a verlos esa noche se convertiría a su vez en otro miembro importante de la estructura de KISS durante todos los setenta, ejerciendo un poco de chico para todo: conductor, coreógrafo, *roadie*… hasta llegar a coescribir varios temas clásicos de la banda y producir alguno de sus discos.

Primer contrato

Aparte de la inmediata conexión personal, una de las cosas que convenció a Gene de que Bill era el hombre adecuado para tomar las riendas de su carrera era que, a pesar de que nunca había sido mánager de ninguna otra banda, había sido productor para la televisión, y Gene tenía muy claro que su agente tenía que ser alguien con una personalidad, digamos, «multimedia». ¿La razón? Básicamente, porque Gene tenía ya en su cabeza por entonces la imagen de KISS como algo que trascendiera la idea de una simple banda de rock. Iban a ser un fenómeno a diversos niveles y quien se encargara de ello debía compartir esa visión y, a la vez, poseer una buena experiencia al respecto.

Bill se comprometió a montar una agencia de *management* y conseguirles un contrato discográfico en menos de quince días, y les aseguró –en un insólito gesto de confianza– que no tendrían que firmar ningún documento hasta que todos estuvieran satisfechos y de acuerdo entre ellos. El propio Bill reconocía que la banda se quedó un tanto sorprendida: «No creo que esperaran que me moviera tan rápido. Los conocí en agosto, les conseguí un contrato en septiembre, firmamos con ellos en octubre, grabaron un disco en noviembre y, para diciembre, el primer álbum de KISS estaba listo y habíamos empezado a trabajar sobre el *show*».

¿Cómo demonios lo consiguió? Rebobinemos de nuevo hasta agosto. Por aquel entonces KISS tenía una demo con cinco temas –«Cold Gin», «Deuce», «Strutter», «Watchin' You» y «Black Diamond»–, producida por Eddie Kramer a principios de año en los estudios Electric Lady. Esa fue la cinta que Bill usó para encontrarles un contrato. Y para ello contactó con uno de sus clientes, Neil Bogart de Buddah Records. Este les puso la cinta a los miembros de

Aucoin sufriendo el abrazo de la bestia

Neil Bogart, Casablanca Man

su equipo, quienes alucinaron con el material y, ante la pregunta de si estarían dispuestos a producir a la banda, asintieron entusiasmados. Neil –que quería dejar Buddah y formar su propio sello antes de final de año– voló a Nueva York para mostrar a la banda los anuncios de televisión que habían preparado. Gene y Paul estaban encantados: «Estábamos realmente impresionados. Todo el mundo hablaba el mismo lenguaje, todos queríamos lo mismo. Todo tenía sentido. Íbamos a ser el primer grupo de Bill, iba a ser nuestro primer álbum e iba a ser el primer disco de Emerald City Records, aunque antes de que el disco saliera Neil cambió el nombre de su sello por Casablanca».

Las cosas empezaron pues a hacerse de forma más profesional. Para empezar, Bill les asignó una paga semanal de setenta y cinco dólares por cabeza para que se concentraran en la banda. Pasta suficiente para que todos –excepto Gene– dejaran sus curros de medio pelo. También por entonces regresaron a The Daisy para un último *show* de calentamiento antes de que, a principios de octubre, debutaran ante Neil (que aún no les había visto en directo) en un concierto en Le Tang Ballet Studios. Bogart había invitado a gente de la prensa, periodistas y *disc jockeys* al pase. Un pase apoteósico, demoledor, alucinante. Todo lo que KISS era hasta aquel momento se sublimó para dejar alucinados a los presentes. Una avalancha sónica, ráfagas y oleadas de hard rock acompañadas de una actitud en escena que era puro dinamismo. Sean Delaney lo recordaba así: «Frente a ellos estaban Bill, Neil, Joyce [Biawitz, futura mánager del grupo, *N. del A.*] y yo. Terminaron la primera canción y nadie aplaudió. Gene se acercó entonces a Neil Bogart, agarró sus dos manos, y lo hizo aplaudir… y Neil comenzó a aplaudir porque estaba muerto de miedo. Y me dije en ese momento: "yo quiero participar en esto", porque ese es el tipo de pelotas que hay que tener para hacer cualquier cosa».

Cuando al término del último tema, «Firehouse», cogieron el cubo lleno de confeti que solían usar como truco para la canción y rociaron con él a Neil de arriba abajo, éste acabó de convencerse de que había acertado plenamente con ellos. Y el resto de los presentes, de que aquellos tipos habían nacido para convertirse en unas puñeteras estrellas de rock.

A partes iguales

A primeros de noviembre entrarían a grabar su primer disco en los Bell Sound Studios, que pertenecían a la compañía propietaria de Buddah Records, al tiempo que firmaban por fin el contrato de *management* con Rock Steady, la recién fundada compañía de Bill. El contrato que este les puso sobre la mesa era, en cierto modo, revolucionario, en cuanto proponía una absoluta igualdad de emolumentos entre los cuatro miembros de la banda. Aucoin temía que el mucho mayor peso de Gene y Paul en la composición desequilibrara la balanza y, en consecuencia, hubiera dos miembros del grupo consiguiendo más ingresos que el resto. Sabía que ello era una de las razones por las que muchas bandas que empiezan se van al garete antes de tiempo. En consecuencia, les propuso una especie de experimento contractual prácticamente inédito en el *show business* hasta aquel entonces, una auténtica democracia económica que se reveló como una estrategia de lo más brillante.

Por supuesto, tanto las razones de Bill como las de Gene y Paul no se basaban en criterios éticos o solidarios, sino en motivos estrictamente empresariales. Bill lo tenía muy claro: «si alguien se lleva una parte excesiva de la recompensa del éxito, entonces no tienes un grupo, sólo tienes cuatro músicos, y eso no funciona a la larga. Tiene que ser una unidad. Sabía que el grupo tenía la oportunidad de llegar lejos y quería evitar cualquier posibilidad de que se destruyera a sí mismo».

Una visión inteligente, basada en la rentabilidad de un negocio a medio y largo plazo y que, obviamente, fue compartida por la banda, tal y como reconocía Paul: «Las sugerencias de Bill fueron importantes porque Gene y yo habíamos escrito la mayor parte del material, y si tuviéramos *hits* antes o después alguien se hubiera sentido discriminado. Sabíamos que es mejor conseguir un pedazo pequeño de algo grande, que un trozo grande de algo pequeño. Y tampoco quería que llegara un momento en que alguien me dijera "quiero que mis canciones entren en tal disco porque quiero la pasta de los derechos". Así que el modo en que siempre hemos funcionado es sea de quien sea el mejor material, ese es el que usamos, y dividimos el dinero en cuatro partes. Mientras todo el mundo cumpla su parte del trabajo, nadie se siente engañado».

Temas económicos aparte, el *management* de Aucoin llevó varios pasos más allá el concepto que habían creado los cuatro músicos en cuanto a música e imagen, introduciendo en sus *shows* el fuego, las explosiones y en general un concepto espectacular y pirotécnico destinado a sorprender a la audiencia.

La banda más caliente del mundo

Las sesiones para lo que iba a ser su primer álbum, con Kenny Kerner y Richard Wise tras los controles, se alargarían tres semanas, un tiempo que la banda emplearía en adquirir sobre la marcha una experiencia de la que aún carecían. Cierto que llevaban el material más que preparado (sólo «Kissin' Time» fue reescrita durante las sesiones), pero aquella era su primera experiencia seria en un estudio de grabación, y su bisoñez al respecto era manifiesta. Paul recordaba aquellas semanas con un cierto poso agridulce: «Estábamos tan verdes. Me sentía intimidado por el estudio y temía tocar algo y cargarme parte del equipo o fastidiar una toma. El micrófono podría haber sido yo mismo cantando desde dentro del culo de un elefante. Me sentía tan fuera de sitio».

No obstante, todos dan el máximo de lo que son capaces, conscientes de la importancia del momento, así que poco a poco van sacando la grabación adelante y antes de fin de mes las sesiones llegan a su fin.

Con el disco ya terminado, el 21 de diciembre vuelven al Coventry, esta vez en olor de multitudes (al menos en comparación con sus primeros bolos allí), en un par de *shows* de precalentamiento antes del gran concierto de fin de año en la Academy of Music. Planteado como una puesta de largo, la presentación oficiosa de su debut discográfico –todavía inédito– les incluye en un cartel encabezado por Blue Oyster Cult, y compartido con Iggy & The Stooges y Teenage Lust. Un set limitado a unos escasos treinta minutos que, no obstante, se abriría con una intro que el tiempo convertiría en mítica. Con el escenario todavía a oscuras, la voz de Delaney atronó por los altavoces: «Los queríais. Los tenéis. ¡La banda más caliente del mundo! ¡Aquí están… KISS!» Y a continuación un fogonazo y media hora que vuela la cabeza a los presentes, que ven estupefactos a cuatro oscuras criaturas maquilladas desgranando un rock de altísimo octanaje, escupiendo fuego y haciendo levitar la batería, todo ello bajo las luces intermitentes de un enorme logo con su nombre. Eran los setenta y, aunque una buena parte del público rock estaba curado de espantos, existía todavía una cierta inocencia en cuanto a la música en directo, y el espectáculo de KISS impactó y no poco. Aquello era algo nuevo, algo fresco y diferente. Un espectáculo de rock teatral que trascendía a sus predecesores, una orgía eléctrica y circense maravillosamente desacomplejada que, no obstante, en ningún momento fue diseñada para ocultar carencias o desviar la atención de lo que ellos consideraban lo primordial: su música y sus canciones. «Nunca nos maquillamos o usamos la pirotecnia y otros efectos –recalcaba Paul– para esconder nada. Era algo para ampliar y potenciar la presentación».

El bolo consigue reseñas en Sounds, Variety y otras publicaciones especializadas. La crítica y el público los ama o los odia, pero el fin último, el objetivo final estaba más que conseguido: no dejar a nadie indiferente, y en consecuencia hacer que se hablara de ellos.

En enero hacen un pase para la prensa en el mítico Fillmore East y vuelven a la Academy of Music abriendo para Silverhead y Fleetwood Mac. El disco está a punto de salir a la calle, pero antes se embarcarán en su primer *tour* fuera de los muros de su ciudad, una mini gira de cinco fechas por Canadá que los sigue fogueando en directo pero cuyos costes de producción exceden con mucho el caché asignado a la banda. Las tarjetas de Aucoin y Bogart sacan humo. Todos creen en el proyecto, pero a la vez rezan para que salga bien o les va a quedar un bonito panorama de deudas. De vuelta a casa, el momento más esperado llega: el primer disco de KISS ya está en la calle.

EN BUSCA DEL ÉXITO

El primer hijo

Kiss, publicado el 8 de febrero de 1974, venía envuelto en una portada con los rostros maquillados de los cuatro miembros de la banda, en una composición que recordaba intencionadamente la de los Fab Four en *With The Beatles* y contenía el mejor material de la banda hasta aquel momento; de su *track list* quedarían varios temas como intocables en su repertorio: «Strutter», «Deuce», «Black Diamond», «Cold Gin», «Firehouse», «Nothin' to Lose»… Canciones escritas meses y años atrás, algunas incluso antes de que la banda existiera como tal y que hicieron de ese primer álbum uno de sus discos con más «clásicos» en un futuro. El resultado final, no obstante, reflejó un sonido que no dejó a la banda satisfecha. Buscando un sonido crudo y directo, la grabación se resintió de cierta inexperiencia por parte de Kerner y Wise que, aun poniendo toda su voluntad, no fueron capaces de reproducir en estudio la fiereza y el volumen que el grupo desarrollaba en sus directos. El relativamente bajo presupuesto empleado, usando una

mesa de dieciséis pistas, tampoco ayudó: pero en general y pese a ello, los cuatro miembros valoraban su debut, tiempo después, de forma mayoritariamente positiva.

Recién llegados de la gira por Canadá, apenas tuvieron tiempo de deshacer las maletas antes de despegar de nuevo, esta vez rumbo a California para la fiesta de presentación de Casablanca Records en el Century Plaza Hotel de Los Ángeles. Warner Brothers, que se encargaría de la distribución del sello, había montado un ambiente temático sobre el clásico film de Michael Curtiz, decorando uno de los salones principales del hotel con palmeras, una ruleta y la figura de un halcón maltés, y hasta un personaje vestido con traje blanco a la manera de Bogart en la película. Se trataba de hecho de la puesta de largo del sello, su presentación en sociedad, y no tanto la de la banda, pero obviamente se montó también un escenario para que KISS actuaran, y se invitó al todo L.A. de la época. Por allí pululaban Michael des Barres y Alice Cooper, David Janssen e Iggy Pop… la realeza del rock y el *show business*, popes de la prensa y no pocos capos de la industria entre curiosos y expectantes.

Pero el set de veinte minutos que ofreció la banda no convenció apenas a nadie. Ni era el lugar ni el ambiente propicios para un *show* como el suyo y el comentario general tras la actuación era que en medio año no se iba a acordar de ellos ni su madre. Sólo Alice Cooper, perro viejo a esas alturas, supo ver el potencial de la banda y así se lo hizo saber tras el *show*. Warner, por su parte, presionó a Neil para que la banda olvidara el tema del maquillaje. Por supuesto Bill no estuvo de acuerdo y cuando se lo dijeron a los chicos, estos se limitaron a mostrar una sonrisa que no necesitaba más explicaciones. No pasaría mucho hasta que Warner rescindiera el contrato de distribución con Casablanca.

Pico y pala

Tras el fiasco de Los Ángeles, KISS volvería a la carretera, pero sin trascender de momento su estatus de teloneros. En las semanas siguientes abrirían para Golden Earring, Nazareth, New York Dolls, Redbone o Aerosmith entre otros, pero poco a poco las ofertas fueron disminuyendo hasta prácticamente desaparecer. ¿La razón? Bill la exponía claramente: «Era algo muy simple: KISS literalmente barrían del escenario a la banda principal». Pero no había lugar para el desánimo. El equipo –roadies, técnicos, etc– que los acompañaba eran gente joven y motivadísima, y tanto Bill como Neil podían estar temiendo por sus finanzas a diario, pero seguían manteniendo una fe ciega en sus chicos.

Un nuevo punto de inflexión tuvo lugar el 29 de marzo, cuando millones de hogares norteamericanos fueron testigos de la primera aparición pública de KISS en la televisión, concretamente en el programa «In Concert» de la cadena ABC. Interpretando tres temas –«Nothin' to Lose», «Firehouse» y «Black Diamond»– grabados un mes antes, una audiencia hasta entonces ignorante de la existencia de aquellas cuatro criaturas veían en sus pantallas un impactante espectáculo de rock ígneo que tendría una casi inmediata continuación con una entrevista a Gene en The Mike Douglas Show, al término de la cual interpretarían «Firehouse».

A pesar de toda la promoción y del incansable ritmo de actuaciones en directo, el primer disco de KISS no consiguió ningún *hit* y por ende, su difusión radiofónica fue limitada. Ello hizo que en los meses siguientes apenas se llegara a las 75.000 copias vendidas y se alcanzara sólo el puesto 87 del Billboard, unos números modestos si se piensa en el esfuerzo del grupo, aunque el tiempo pondría el álbum en el lugar que le correspondía, llegando a certificarse como disco de oro en 1977 con más de medio millón de copias vendidas.

Pero estamos aún a mediados de 1974 y el pico y pala no se detiene. Conscientes de que la única manera que tienen de ganar adeptos es ir de gira de forma incansable, en agosto detienen la gira que habían iniciado el 22 de marzo en Devon –conocida más tarde entre los fans como el *First Tour*– y entran en los estudios Village Recorders de Los Ángeles para grabar su segundo disco, de nuevo a las órdenes de Kerner y Wise, quienes se habían mudado a California recientemente.

¿Qué hacemos nosotros en California?

Al contrario que en *Kiss*, en esta ocasión no contaban con una batería de canciones ensayadas y trabajadas durante meses, sino que –exceptuando algún tema descartado de sus primeras demos– la mayor parte del material había sido escrito en la carretera durante la semanas precedentes. Los miembros de la banda recordaban aquellas sesiones como un periodo extraño. Ellos, más neoyorkinos que el puente de Brooklyn, se sentían totalmente fuera de lugar en la escena californiana de mediados de los setenta. El glamour y la decadencia angelina los descolocó, y parte de esa escena llena de coca, sexo y fiestas las veinticuatro horas se trasladó a un disco que respira glam rock y desmadre por los cuatro costados, pero que paradójicamente suena en cierto modo más oscuro y apagado que su predecesor.

Las malas vibraciones eran una constante, la banda empezaba a acusar el desgaste de convivir siete días a la semana durante tanto tiempo y, además, empezaba a abrirse una brecha entre los caracteres de Gene y Paul por un lado, y de Ace y Peter por otro: «Por aquel entonces ya era evidente que yo no tenía nada en común con Ace y Peter, socialmente hablando –recordaba Gene años más tarde–. Con Paul podía comunicarme porque era un tipo sobrio y responsable. Si quería pasar un buen rato con Ace y Peter tenía que ser la bomba. Las prioridades eran distintas. Todos estos condicionantes se trasladaron al disco. Algunos pequeños demonios en el seno de la banda empezaron a asomar la nariz y las diferencias de personalidad comenzaron a surgir dentro del grupo y entre cada uno de los miembros.»

Hotter Than Hell se editaría el 22 de octubre y vendería en principio sólo un poco más que su debut –125.000 copias–, aunque al igual que este conseguiría ser disco de oro tres años más tarde. Pero en el momento de su lanzamiento y pese a contar con buenas canciones, en especial una cara A demoledora encadenando temas del calibre de «Got To Choose», «Parasite», «Goin' Blind», «Hotter Than Hell» y «Let Me Go, Rock 'N Roll», no consiguió remontar el vuelo. Parte de culpa la volvió a tener la escasa –por no decir nula– repercusión radiofónica del disco, y por otro lado la reciente ruptura del acuerdo de distribución con Warner tampoco ayudó, obviamente.

Viendo que las emisoras y los *disc jockeys* simplemente los ignoraban, que no les tomaban en serio, no quedaba otra que volver a la carretera y seguir pateándose ciudades y escenarios en una segunda gira –el *Hotter Than Hell Tour*– que los llevaría de nuevo de costa a costa, empezando el 13 de septiembre en Waterloo, Ontario y terminando el 1 de febrero de 1975 con un *show* en el Civic Auditorium de Santa Mónica, California.

KISS en Los Angeles, días de vino y rosas

No hay dos sin tres

Y fue precisamente en el *backstage* tras el concierto de Santa Mónica donde Neil se les acercó y les dijo que tenían que volver de inmediato a Nueva York y grabar un nuevo álbum.

Dicho y hecho, al día siguiente aterrizan en la Gran Manzana y entran otra vez en los Electric Lady. Así lo recordaba Paul: «Íbamos cortos de material. Al principio, estábamos grabando un disco cada seis meses y estábamos de gira presentando *Hotter Than Hell* con Jo Jo Gunne. Estábamos muy lejos de poder grabar un álbum. Al día siguiente estábamos de vuelta en Nueva York y muchas de esas canciones fueron escritas directamente en el estudio antes de empezar las sesiones. Cada mañana Gene y yo íbamos a los Electric Lady y escribíamos los temas. Más tarde aparecían Ace y Peter y les decíamos: "vale, la canción de hoy se llama 'Rock and Roll All Nite', o 'la de hoy se titula 'Room Service'"». Escribir sobre la marcha y a contrarreloj no era el método de trabajo al que estaban acostumbrados ni de lejos, pero como veremos, salieron airosos de la prueba. Neil por su parte se postuló como productor, tanto por su implicación total con el grupo como porque los costes de producción de la gira tenían a la compañía en números rojos y, literalmente, no podían permitirse el lujo de contratar a un productor externo. El haber partido peras con Warner los había dejado tocados y urgía tener pronto un tercer disco que inyectara liquidez cuanto antes. Con el material compuesto en tiempo récord, incluyendo revisiones actualizadas de algunos temas antiguos como «She» o «Love Her All I Can», que databan de los tiempos de Wicked Lester, los chicos entraron en el estudio B de Electric Lady y empezaron a grabar. Más allá del hecho de tener como productor al propio presidente de tu compañía de discos, lo que hacía la situación un tanto peculiar, las sesiones fueron rápidas y directas, pero el resultado de nuevo dejó a la banda satisfecha sólo a medias. Según Peter: «Neil no era productor y además estaba fumando mucha hierba en aquel tiempo y yo sé que cuando fumas maría no puedes escuchar las cosas correctamente. Todo suena genial. Y al día siguiente lo escuchas de nuevo y es como "¡Mierda, esto es terrible!"». De todos modos, la banda volvió a dar el callo y, pese a la inexperiencia de Neil tras la mesa (y sus colocones), el resultado dejó algunas grandes canciones para incorporar a su repertorio, como «Rock Bottom», «She» o «C'mon and Love Me» y un clásico absoluto e imperecedero del calibre de «Rock and Roll All Nite», una canción que resume tanto en lo musical como en lo lírico lo que KISS siempre ha representado: sexo, rock y desmadre *non stop*.

Vestidos para matar

Dressed to Kill saldría a la venta el 19 de marzo de 1975; la portada mostraba a la banda –maquillada, por supuesto– posando en las calles de Nueva York, concretamente en la esquina de la Octava Avenida con la calle 23, enfundados los cuatro en clásicos trajes de los setenta. El problema era que el único que tenía un traje en casa era Peter, así que los trajes de Ace, Paul y Gene eran de Bill Aucoin. Eso tal vez explique por qué a los tres, en especial a Gene, los pantalones les quedan como si fueran a pescar.

Considerando que la delicada situación financiera de Casablanca en aquel momento no le permitió darle al nuevo disco el apoyo promocional y publicitario que hubieran deseado, las cifras de *Dressed to Kill* se movieron no obstante alrededor de unas más que decentes 150.000 copias. De nuevo nada que permitiera echar las campanas al vuelo, pero la cifra suponía un nuevo avance respecto a su predecesor. Tal vez no espectacular, pero sí significativo. La base de fans se ampliaba paso a paso y el camino era el correcto. Todavía no habían accedido al premio gordo, pero estaban cada vez más cerca.

Aún no lo sabían pero 1975 iba a ser su año. Bill Aucoin: «Hablé con el promotor Ron Delsener para que nos contratara una fecha en el Beacon Theater. Su aforo era de tres mil personas y agotamos las entradas tan deprisa que Ron tuvo que programarnos un segundo pase esa misma noche».

Ese 21 de marzo en el Beacon fue la fecha que Peter recordaba como el punto de no retorno: «Fue el momento en que pensé que lo habíamos conse-

guido. Las luces estaban apagadas, estábamos en el *backstage*, listos para salir, y desde la distancia escuché "¡KISS, KISS, KISS!". Sólo se oía eso. Mientras bajábamos las escaleras en dirección al escenario se fue haciendo más y más fuerte, hasta que fue como un trueno: ¡KISS, KISS, KISS! Y al salir, los chavales se estaban volviendo locos, apelotonándose frente al escenario, saltando sobre sus butacas. Ahí es donde me dije "Eso es. Lo conseguimos. ¡Lo hicimos! Hay algo en nosotros que es distinto"».

¡MIRA, MAMÁ, EN LA CIMA DEL MUNDO!

Alive!, adrenalina en cuatro caras

Las cosas estaban cambiando rápido. Tras el concierto del Beacon, la banda empezó a contar sus siguientes conciertos por *sold outs*. Washinton D. C., Kansas City, Pittsburgh, Louisville, Indianapolis, Richmond, Milwaukee, Boston… el país entero estaba contagiándose de la fiebre KISS. En mayo revientan el Cobo Hall de Detroit. En Cadillac, Michigan, la ciudad entera (incluyendo al alcalde y la policía local) los recibe maquillada a su imagen y semejanza. Además «Rock and Roll All Nite» se había convertido en un pequeño *hit* y las radios, a rebufo del single y de la expectación que desataban allí donde iban, empezaron a emitir sus temas. Pero todavía seguían siendo «esa banda a la que tienes que ir a ver». Seguían teniendo el directo como arma fundamental para defender su propuesta, y finalmente tanto Bill y Neil como los chicos decidieron que el siguiente lanzamiento tenía que ser, sin ningún género de dudas, un *live*, con el cual esperaban recibir el espaldarazo definitivo a una trayectoria que seguía ascendente en gira, pero sin despegar definitivamente en ventas.

Ello había llevado a una situación en la que el cobro de *royalties* era más que problemático y, por primera vez, el grupo se planteó dejar Casablanca y buscar otra compañía discográfica. Bill, muy a su pesar, tuvo que ponerse de parte de los chicos y en contra de Neil, pero por suerte este accedió a editar el

disco en directo, convencido por los demás de que aquello marcaría un antes y un después tanto para la banda como para el sello.

Y eso que de primeras un disco en directo en pleno 1975 era considerado por la industria como un suicidio comercial, un formato prácticamente obsoleto, y así se lo hicieron saber a Bill no pocos colegas. Los tres primeros discos de KISS habían obtenido ventas más bien modestas, y nada hacía pensar que un directo con ese mismo material fuera a partir la pana. De nuevo la determinación, la fe en sí mismos y una pizca de suerte se aliaron para que el proyecto fuera un tremendo éxito.

Alive!, grabado entre mayo y julio en diversas localizaciones –Davenport, Cleveland, Nueva Jersey y Detroit– plasmaba por fin en vinilo toda la excitación, el poderío y la energía de KISS como banda. Desde prácticamente su génesis como grupo y a lo largo de toda su trayectoria, el objetivo fundamental de los muchachos (aparte de hacerse asquerosamente ricos) siempre fue divertir, entretener, excitar y hacer que el público se olvidara de sus problemas y sus tribulaciones durante las dos horas en las que los tenían enfrente. Nada de mensajes políticos, nada de conciencia social, tan sólo adrenalina y un escapismo basado en el componente más lúdico de la música del diablo, gracias a una fórmula tan simple como magistral: disfrutar ellos en escena para de ese modo hacer disfrutar a su audiencia. Algo que conforme fueron adquiriendo soltura y tablas, fue cada vez más fácil. Pero algo también que no habían sabido trasladar por entero a sus tres discos en estudio hasta el momento.

Alive! sí lo consiguió. El público y los medios así lo entendieron y el doble elepé, editado el día 10 de septiembre, empezó a escalar los *charts* sin descanso hasta llegar al puesto nueve en las listas de álbumes: en Navidad ya era disco de oro, al cabo de poco más de un mes las ventas se habían doblado y era platino y antes de marzo, doble platino, manteniéndose en las listas de ventas durante más de cien semanas.

El resultado fueron tres millones de copias vendidas, y con ellas una seguridad hasta entonces desconocida, tanto para ellos mismos como para Casablanca, que vio aliviada cómo sus cuentas pasaban a positivo.

¿Sufrió el disco retoques en estudio? Por lo que parece, y se supo al cabo de los años, hubo mucho más trabajo posterior del que se consideró en un principio, incluso más del que la propia banda creía. Se reemplazaron partes de voz y guitarra, algunas líneas de bajo y fragmentos de la audiencia, todo con el objetivo de borrar errores, limar asperezas y pulir detalles. Las mezclas trataron de limpiar aquellos pasajes en que la crudeza de la banda en vivo los llevaba a un cierto descontrol. ¿Lo hace ello menos legendario? La respuesta, a gusto del consumidor. Baste apuntar al respecto que no fueron los primeros en peinar y perfumar sus grabaciones en directo antes de editarlas. Ni serían los últimos.

Destroyer y la asociación con Bob Ezrin

El éxito de *Alive!* trajo consigo otro cambio en cuanto a su estatus en los directos. No sólo habían trascendido su condición de teloneros para pasar a ser cabezas de cartel en la mayoría de las fechas, sino que las tornas en cierto modo habían cambiado, y bandas que apenas unos meses atrás los habían dejado abrir para ellos veían ahora cómo KISS era el plato principal en el cartel y ellos eran los entrantes. Las fechas se sucedieron sin descanso durante los últimos meses de 1975 hasta que entró en escena un personaje que iba a llevarlos a otra dimensión en lo referente a su trabajo en estudio. El personaje en cuestión era un canadiense llamado Bob Ezrin, un productor que ya había trabajado con artistas del calibre de Lou Reed y Alice Cooper y que había oído campanas por parte de uno de sus colegas. Un rollo en plan «tienes que producir a esos tales KISS, son la bomba pero a su música le falta algo». El destino quiso que apenas dos semanas después de ese primer aviso, se los cruzara en los estudios de la CTV en Toronto y establecieran un primer contacto. Una primera entrevista en Nueva York y un concierto en Detroit convencieron a Ezrin de que ahí había suficiente material en bruto como para tallarlo y conseguir por fin un disco en estudio que diera caña en los *charts*: «Teníamos que expandir la audiencia más allá de los quinceañeros, e ir a buscar también a las chicas. Teníamos que introducir una cierta pasión. La analogía que usé es que me recordaban un poco al personaje de Lee Marvin en El Salvaje, y yo quería transformarlos en Marlon Brando. Nos pusimos sin descanso hasta encontrar una balada y cosas como "Do You Love Me", canciones que llegaran a las chicas del público».

Los chicos estaban igualmente convencidos tanto de la valía de Ezrin como de la idoneidad de contar con alguien ajeno a la banda hasta aquel momento; consideraban el éxito de *Alive!* como un punto de no retorno en su carrera y había llegado el momento de dar un puñetazo en la mesa con el nuevo trabajo. Para ello en primer lugar firmarían un nuevo contrato con Casablanca para dos discos más, y en segundo, entrarían en el estudio para dar forma a su cuarto álbum. Las sesiones para lo que sería *Destroyer* se dividieron entre el 3 y el 6 de septiembre de 1975 en los Electric Lady, y una segunda tanda de grabaciones, más extensa, entre el 4 de enero y el 3 de febrero de 1976 y no fueron un camino de rosas, precisamente. Por un lado Peter estaba metido en la cocaína hasta las trancas, y Ace pasaba la mitad de las noches de parranda en el Studio 54, aunque las resacas no les impidieron hacer un gran trabajo a ambos, espoleados por las broncas del sufrido productor, que conectó más con Gene y Paul; ellos eran la dupla sobria, y sus excesos se limitaban al sexo y la cuenta corriente, pero Ezrin tampoco estuvo al cien por cien satisfecho con ambos, al menos en un principio. En realidad con lo que se encontró el afamado productor fue con una banda muy segura de sí misma pero al mismo tiempo sorprendentemente inexperta en lo referente a una mínima teoría de la música y al trabajo en un estudio. «Lo que Bob nos enseñó fue disciplina de estudio –recuerda Paul–. Llevaba un silbato colgando del cuello y lo usaba y nos llamaba "campistas". No le dolían prendas a la hora de señalarte con el índice y pegarte un par de gritos. Tenía su gracia estar llenando estadios por todo el país y al mismo tiempo tener a alguien en el estudio tratándote como si fueras idiota. En realidad fue como un cuartel musical. Trataba de sacar lo mejor de nosotros y de que llegáramos a alcanzar un nuevo nivel».

Con el mago Bob Ezrin, 1976

En honor a la verdad hubo tanto de férrea disciplina como de humor y buenas vibraciones, bromas y compañerismo y el nuevo disco se beneficiaría de esa mezcla de seriedad y cachondeo tanto como de la profesionalidad y las ideas de un Ezrin que introdujo efectos de sonido, arreglos de cuerda, coros y un sinfín de novedades al armazón de unas canciones ya potentes por sí mismas: «Detroit Rock City», «Do You Love Me», «Shout it out Loud», «Flaming Youth», «God of Thunder»… Un clásico instantáneo tras otro, una retahíla de grandes canciones engalanadas con unas prendas de lujo hasta entonces desconocidas para el grupo.

Una chica llamada Elizabeth

Recién llegado a las tiendas el 15 de marzo, los primeros pasos de *Destroyer* no fueron demasiado prometedores, siempre hablando en «parámetros KISS», claro. En abril fue certificado disco de oro, vendiendo cerca de 800.000 copias, pero ninguno de los tres singles extraídos del álbum –«Shout it out Loud», «Flaming Youth» y «Detroit Rock City»– consiguió subir en los *charts* como esperaban. Las críticas además fueron entre tibias y directamente negativas. La prensa musical tildó al disco de melodramático y sobreproducido, llegando el Village Voice a calificarlo como su disco «menos interesante». Todo ello llevó a una progresiva ralentización en las ventas hasta que en medio de la gira de presentación del disco (conocida como *The Spirit of '76 Tour*) a finales de verano, algo inesperado ocurrió. La cara B de «Detroit Rock City», una bala-

Fotograma de *KISS Meets the Phantom of the Park*

da titulada «Beth» escrita originalmente por Peter junto a Stan Penridge en los tiempos de Lips, empezó a escalar los *charts*. Los fans llamaban a las emisoras para pedirla, estas la emitían con asiduidad y el grupo decidió reeditarla como single en agosto. Al mes siguiente llegaría al número siete del Billboard Hot 100 (¡su primera canción en entrar en el top 10!), y como consecuencia, disparando de nuevo las ventas del álbum: en noviembre, *Destroyer* fue certificado platino. El éxito de «Beth», incluida en el álbum tras vencer no pocas reticencias iniciales, fue un triunfo personal de Peter: «Yo solía llegar con toneladas de material y Gene y Paul solían tumbármelo aduciendo que no era de nuestro estilo. Ellos componían la mayor parte del material y yo sentía que no estaba contribuyendo a ello. Cuando les mostré «Beth», su reacción fue "¿qué demonios es eso? ¡Nosotros no hacemos baladas!". Pero yo seguí insistiendo: "Esta es muy buena y me gustaría hacerla", hasta que Bob Ezrin dijo que adelante, que probáramos algo nuevo, y entonces los demás accedieron». Desde entonces, Peter tendría «su momento» en los conciertos saliendo de detrás del set de batería, sentándose él sólo al borde del escenario e interpretándola tal cual un *crooner* clásico, cambiando el esmoquin y la pajarita por el pelo largo y el maquillaje.

Otra banda, en otra época posiblemente se hubiera tomado en aquel momento un respiro para disfrutar de las ventas millonarias y observar las cosas en perspectiva, pero en los setenta medio año desde tu último disco, en muchos casos, era una eternidad. Y KISS eran uno de esos casos. Para ellos sentarse a contar billetes era sólo una manera de perder tiempo para ganar más dinero, así que el siguiente movimiento lógico era grabar un quinto álbum.

Había, no obstante, otra explicación menos épica para el febril ritmo discográfico de la banda. Bill Aucoin lo confesaba de este modo: «Al ser Casablanca una compañía pequeña, no podía permitirse que le fueran retornadas las copias no vendidas, pues eso hubiera acabado con ella. Así que se nos ocurrió el plan de hacer un disco cada seis meses (risas). Porque justo cuando las tiendas de discos estuviesen a punto de devolverlos, Neil les diría: 'hay uno nuevo en camino' y ellos tendrían que quedárselo para tenerlo en catálogo. Cuando mandas un disco nuevo tienen que mantener el catálogo antiguo. Y eso es lo que ocurría. Antes de que volvieran las copias retornadas, ya habíamos sacado un nuevo álbum. Aunque ello supuso un importante peaje para la banda».

Regreso a lo esencial

Fuera por lo que fuera, lo cierto es que en esta ocasión Bob Ezrin no estaba disponible, y tanto Paul como especialmente Gene, ambos proclives a continuar la senda emprendida con *Destroyer*, se dejaron convencer por Ace y Peter para volver a un concepto más simple y crudo de su sonido, alejándose de producciones ampulosas, grabando rock and roll a todo volumen, rugiente y musculoso, como en sus primeros trabajos. Algo que, por otro lado, también demandaba una facción importante de sus fans de base. Un regreso a los orígenes, para entendernos.

Para ello reclutaron de nuevo a Eddie Kramer, el cual alquiló el Nanuet Star Theater, un teatro abandonado al norte de Nueva York convirtiéndolo en un estudio de grabación en el que la banda pudiera desarrollar sus nuevas canciones en un ambiente de directo, con la única diferencia de que no había público frente a ellos. «Me gusta grabar a las bandas en una situación de directo –declaró Kramer poco después– y usar la acústica del lugar para configurar el sonido y darle al grupo una perspectiva distinta. Pusimos las voces en el *hall*, la batería en medio del escenario, el bajo en los sótanos, la guitarra en habitaciones separadas. A veces poníamos la batería en una habitación más pequeña. Usamos el edificio entero».

Grabado entre el 30 de septiembre y el 16 de octubre, *Rock and Roll Over* efectivamente supuso una vuelta a territorios conocidos en temas como «I Want You», «Makin' Love» o la agresiva «Take Me», aparte de proporcionar un par de clásicos absolutos, directos al corpus básico de su cancionero: «Calling Dr Love» y «Hard Luck Woman». Esta última, inicialmente escrita por Paul para Rod Stewart en la línea de éxitos del ex Faces como «Maggie May» o «You Wear It Well», acabó en el *track list* cantada por Peter después de que este insistiera una y otra vez en que él podía darle su toque especial: «Paul la escribió y dijo que era para Rod Stewart. La tocó con la acústica y me encantó. Le dije "eh, cabrón, ¿y yo qué? Que le den a Rod Stewart, la cantaré de puta madre". Eddie la escuchó y también dijo que debía cantarla yo». Decisión acertada una vez más pues «Hard Luck Woman», con su cadencia clásica, su sonido acústico y la intensa, rasgada voz del felino batería en primer término no sólo se reveló un magnífico tema, sino un nuevo éxito en sus directos.

Editado el 1 de noviembre, *Rock and Roll Over* sería disco de oro casi de inmediato, llegando a platino al año siguiente, y por supuesto serviría de bandera para una nueva gira agotando entradas por doquier.

Conquistando el Madison Square Garden

Si el *tour* de *Destroyer* había tenido uno de sus puntos álgidos el 20 de agosto, cuando tocaron ante más de 42.000 personas en Anaheim, California (su audiencia más numerosa hasta aquel momento), la gira del nuevo disco, iniciada el 24 de noviembre en Savannah, Georgia, tendría otros dos momentos especiales que añadir a su currículum. El primero y más importante fue tocar en casa, una fecha marcada en rojo para la banda. Y es que tomar al asalto Nueva York, de una vez por todas, era una espina clavada para cada uno de ellos; de hecho cuando volvían de alguna gira y sus amigos les preguntaban cómo les iba y ellos decían que habían tocado con James Gang o con la J. Geils Band, se quedaban impresionados. Guau, ¿los habéis teloneado, en serio?, preguntaban asombrados. No –contestaban ellos– nos han teloneado ellos a nosotros. Había pues que demostrar el nivel que habían alcanzado, y para ello no había lugar mejor que el Madison Square Garden. «En los primeros tiempos el Garden era mi sueño –recordaba Paul–. Cuando tocábamos en The Daisy o algún otro club, para mí era el Garden. Siempre les decía a los otros en el camerino (camerinos del tamaño de un lavabo casi todos ellos) "Cuando salgamos, esto es el Garden. Me importa un bledo si sólo hay cinco personas ahí fuera. Toquemos como si estuviéramos en el Garden". Y lo hacíamos. Salíamos a matar cada noche.»

Ese viejo sueño se vio cumplido el 18 de febrero de 1977, triunfando por todo lo alto en un recinto lleno hasta la bandera, con todas las entradas agotadas. Los cuatro chicos de Nueva York frente a su gente, con familiares y amigos entre el público, sintiéndose en la cima del mundo.

La otra ocasión especial llegó en abril cuando en el tramo final de la gira recalaron durante varias fechas en Japón, terminando con cuatro memorables noches de *sold out* en el Budokan Hall de Tokio, una prueba irrefutable de la idolatría que desde ya hacía tiempo sentían por KISS los fans nipones.

Todo iba pues viento en popa y nada hacía presagiar los nubarrones que se cernirían sobre el grupo al cabo de poco. En la primavera de 1977 KISS eran ya una de las bandas más grandes del mundo, todo lo que tocaban lo convertían en oro pero amenazas como las tensiones internas, la lucha contra las adicciones o la saturación y los cambios de tendencias en el mercado aguardaban emboscadas, prestas a saltar sobre ellos cual alimañas. Antes de hacerlo, no obstante, les darían margen para seguir disfrutando del éxito durante un poco más.

EL FIN DE UNA ETAPA

Disparando amor

Al regreso de Japón, con la gira terminada de forma triunfal, los chicos se tomaron un pequeño descanso, sus primeras vacaciones como tales desde 1973. Pero por supuesto no iban a dejar que la molicie se apoderara de ellos y apenas un mes después ya habían alquilado los estudios Record Plant y llamado a Eddie Kramer para que la rueda empezara a girar de nuevo. Antes de empezar las sesiones a finales de mayo, Paul se había tomado su tiempo para grabar las demos en los Electric Lady, de modo que cuando los demás entraran a grabar, el patrón de sus temas estuviera prácticamente terminado.

Love Gun seguiría la senda de *Rock and Roll Over* en cuanto a sonido. Como Gene reconocía sin ambages poco después, se sentían cómodos en la situación en la que estaban, sabían quiénes eran y lo que querían, así que lo más inteligente era continuar por el mismo camino y los experimentos, con gaseosa. Editado el 17 de junio con portada del ilustrador Ken Kelly, con el que ya habían trabajado en *Destroyer*, el sexto álbum de KISS sería a la postre el último de su etapa clásica antes de no pocos cambios por llegar. Contenía canciones en la vena clásica de Paul –«I Stole Your Love», «Love Gun»– y Gene –«Christine Sixteen», «Plaster Caster»– al tiempo que volvía a tener a Peter como protagonista en «Hooligan» (esta vez sin reverdecer laureles) e incluso a Ace en la potente «Shock Me», un tema que el guitarrista –inspirado por una descarga eléctrica que había sufrido en un *show* el año anterior– había escrito para Gene pero que este le animó a cantar él mismo. Todo ello conformaba uno de sus mejores trabajos, un álbum inspirado y robusto que llegó a certificarse disco de platino apenas unas semanas después de su lanzamiento.

Y si *Love Gun* cerraba en estudio de forma brillante, casi inmejorable, una primera etapa febril y excitante en la que KISS había llegado de la nada a la cima en apenas cuatro años, un nuevo doble en directo la iba a cerrar de modo no menos rutilante. La idea de un segundo directo había nacido a principios de año cuando Bill Aucoin le pidió a Kramer que grabara el *show* del 2 de abril en el Budokan, con la intención de editarlo como un nuevo *live* y de ese modo darles más tiempo a los chicos para preparar su sexto disco en estudio. Pero una vez hubo terminado de trabajar en él, tanto Casablanca como el propio grupo juzgaron que el material no cumplía unos mínimos y desecharon el concierto, centrándose en lo que acabaría siendo *Love Gun*.

Alive, segunda parte

Ahora, una vez terminado este, se retomó el proyecto aunque desde una óptica diferente. En vez de escoger un solo *show*, se usarían grabaciones de sus conciertos de finales de agosto en el Forum de Los Ángeles durante la gira del nuevo disco, así como algunas pruebas de sonido de las mismas fechas (con sonido de audiencia añadido *a posteriori*) y algún tema más rescatado del concierto de Tokio. Por decisión de la banda, que no quería que se duplicaran canciones aparecidas en *Alive!*, todos los temas en directo provendrían de sus tres últimos discos, ocupando tres caras del vinilo, mientras la cuarta sería de material en estudio, grabado entre el 13 y el 16 de septiembre. Un formato idea de Gene inspirado, según confesó, en el *Fandango!* (1975) de ZZ Top, cuya cara A era en directo y la B en estudio. En tres de esos temas en estudio no fue Ace –cuyos excesos le estaban empezando a pasar factura– quien se encargó de las guitarras, sino Bob Kulick, amigo de la banda desde los tiempos en que se presentó a las primeras audiciones, siendo descartado finalmente en favor de Ace. Por supuesto y aunque su contribución fue convenientemente remunerada, su nombre no apareció en los créditos; las cosas con Ace y Peter podían ir mal, pero de cara al exterior, a los fans, KISS seguían siendo una familia feliz. Los rumores no obstante circularon durante años hasta que en la reedición remasterizada en 1997 por fin se oficializó en los créditos la participación de Kulick.

En cualquier caso *Alive II*, siendo un buen directo pero sin superar en concepto ni importancia a su predecesor, no sufrió mucho para pasar del

millón de copias en tiempo récord. El toque de Midas seguía ahí, pese a que las rencillas, los rencores y la falta de entendimiento iban minando la base del grupo como un silencioso ejército de termitas. De nuevo en la carretera a partir del 15 de noviembre en un *Alive II Tour* que no era sino una nueva etapa en esa gira interminable que los tenía en ruta desde 1974, parando sólo cada equis meses para entrar en el estudio, el cansancio empieza a hacer mella. No en todos por igual, claro. Para Gene y Paul el modo de arrostrar el estrés y la presión de la vida en la carretera eran básicamente las mujeres y ciertos lujos de los que disfrutaban encantados. «Me encanta la carretera – declaró Gene a finales de los setenta–, podría vivir en ella para siempre. Para mí los hoteles son lugares mágicos. Levantas el teléfono y aparece comida en tu habitación. Quieres ir a algún sitio y una limusina te recoge en la entrada». Una vida de *rock star* a la que Paul también se había acostumbrado con cierta facilidad, y a la que ambos sumaban incontables encuentros sexuales en una época en que las *groupies* formaban parte indisoluble de la vida de una banda en gira. Pero no todos en el seno del grupo llevaban el hedonismo con tanta soltura. Peter y Ace llevaban ya tiempo moviéndose en el lado más salvaje del rock, abusando del alcohol y las drogas, destrozando habitaciones de hoteles y sobrellevando la soledad y el extrañamiento a base de juergas pasadas de rosca, cogorzas legendarias y un estado general de imprevisibilidad que no casaba en absoluto con la mentalidad empresario-militar de Paul y Gene.

Pese a todo ello, la gira siguió adelante como siempre, con los recintos a reventar y ellos dándolo todo, hasta terminar en abril de 1978 superando un récord que ellos mismos habían establecido el año anterior: cinco *sold outs* seguidos en el Budokan, entre finales de marzo y primeros de abril.

Precisamente en la fecha del último *show* en Tokio, el 2 de abril, se editaba el primer recopilatorio de la banda, *Double Platinum*. Un doble elepé que venía a cubrir el hueco discográfico dejado desde octubre con *Alive II*, pero que fue recibido con disparidad de opiniones debido a los retoques que contenía. Sean Delaney trató de unificar el sonido, tan distinto entre unas y otras producciones en sus álbumes hasta la fecha, dándole al conjunto una sonoridad un tanto artificial; pero además muchos de los temas estaban remezclados (en algún caso, como el de «Strutter» –rebautizado «Strutter '78»– incluso se añadieron bases disco) y en otros se eliminaron partes enteras.

El fantasma del parque

En cualquier caso, la dinámica gira-disco-gira se iba a detener en 1978, para dar paso a otros planes. Bill tenía entre ceja y ceja llevar el concepto de KISS como un grupo de superhéroes hasta el extremo. Para ello ya había llevado a cabo el año anterior una espléndida jugada comercial consiguiendo que Marvel publicara un cómic a todo color con la banda en el papel de superhéroes. La publicación de *A Marvel Comics Super Special: KISS*

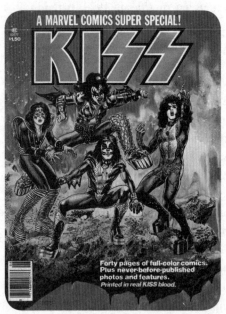

contó además con un divertido truco publicitario que consistió en filmar a la banda mientras una enfermera les extraía sangre para posteriormente mezclarla con la tinta roja que iba a utilizarse para imprimir el cómic. Todo ello además, ante notario.

A aquella primera iniciativa pues se iban a sumar ahora dos artimañas más, ambiciosas e imaginativas sin duda, pero que se saldaron con relativos fiascos. El primero, a nivel audiovisual, fue una película en la que nuestros héroes podrían desplegar todo su carisma y una hipotética batería de superpoderes de lo más potente. Concebida para la televisión, *KISS*

Meets the Phantom of the Park quedó muy lejos, por presupuesto y resultados, de lo que entendemos por una gran producción. Hablando en plata, es una cinta atronadoramente cutre, con un guion de risa y unas actuaciones de festival de fin de curso. ¿La historia? Un malvado ingeniero responsable de las atracciones en un parque temático en horas bajas se pone celoso ante la actuación de KISS en las instalaciones, que se supone harían remontar los ingresos. Una premisa inicial tras la cual empieza un divertidísimo festival de despropósitos en el que nuestros amigos, por supuesto, no se limitan a su rol de *rock stars* sino que cada uno  dispone de un superpoder específico, trasladado a la pantalla con unos efectos especiales de barraca de feria.

Rodada entre mayo y junio en el parque Magic Mountain de Santa Clarita, California y producida por Hanna-Barbera, el resultado no dejó satisfecho a nadie. Ni a la banda y su entorno, que renegaron de la misma desde el primer visionado e incluso prohibieron que se hablara de ella en su presencia, ni a los fans tras su estreno, conscientes de lo barato del proyecto. Sólo el paso de los años le acabó adjudicando el estatus de film de culto del que disfruta actualmente, más por su condición de artefacto *vintage* y su aureola *kitsch* que por sus logros intrínsecos. Pero si la película fue un fracaso artístico, cumplió de sobras su función como vehículo promocional, como una manera más de mantener el nombre de KISS en el candelero.

Póquer

La segunda jugada llegó en septiembre y era sin duda algo nunca visto hasta entonces: la grabación –desde meses atrás– de cuatro discos en solitario, a nombre de cada uno de los miembros del grupo, y la edición simultánea de todos ellos. Con ello se pretendía –o eso decían– potenciar el carácter y la personalidad de cada músico más allá de KISS como una unidad. Por desgracia la mayoría de los esfuerzos personales se revelaron mucho menos inspirados de lo que cabía esperar. Los discos de Paul, Gene y Peter se movían entre lo correcto (en el mejor de los casos), lo estrambótico y lo directamente fallido. Sólo Ace mantuvo alto el listón con un gran disco de hard rock que contó además con el éxito de «New Yok Groove». Escrita por Russ Ballard y previamente interpretada con éxito por los *glam rockers* británicos Hello en 1975, la versión de Ace se convirtió en un *hit* que pasó a engrosar los *set lists* de la banda en directo. El fracaso a nivel crítico no lo fue tanto en ventas, pues los fans respondieron con su acostumbrada fidelidad, entusiasmados ante la idea de adquirir de una tacada, los que se lo podían permitir, cuatros discos de su banda favorita. No fue un exitazo pero tampoco un descalabro. Bill Aucoin recordaba aquella campaña como «otra de esas reacciones viscerales.

Les dije "Vamos a lanzar cuatro álbumes a la vez y quiero que cada uno de ellos se convierta en platino. Vamos a lanzar cuatro millones de discos en un solo día". Todo el mundo arqueó una ceja y me dijo que nadie los compraría. Pero funcionó porque la excitación y la energía estaban ahí, con el aliciente de que *KISS Meets the Phantom of the Park* se estrenó también en aquellas fechas. Los distribuidores que nunca hubieran comprado una cantidad tan enorme de discos, de repente lo hicieron. Un distribuidor en concreto compró un millón de álbumes, 250.000 de cada uno. Fue un día terrorífico el que lanzamos cuatro millones de álbumes en solitario. Fue algo increíble». Aquello fue el triunfo del exceso, la exageración y el ego llevados a cotas inimaginables. KISS eran en 1978 una de las bandas más grandes del mundo. En cuestión de fama y ventas, tal vez la más grande.

Dinasty y la salida de Peter

Al año siguiente todo su imperio empezaría a desmoronarse lentamente. Aunque de puertas afuera parecieran una unidad inquebrantable, un grupo infalible en todos los aspectos, intramuros las grietas eran cada vez más profundas y pronto toda la maquinaria colapsaría presa de su propia megalomanía. Los cuatro discos en solitario, más allá de la operación comercial *per se*, revelaban –a poco que se examinara con ojo crítico– una encarnizada lucha de egos, acuciada por tratar de ser el que con su disco vendiera más que el resto. Su siguiente movimiento, un álbum en las antípodas de su sonido clásico, fue la siguiente losa a la tumba que entre todos estaban construyendo. Producido por Vini Poncia, que acababa de encargarse del disco de Peter Criss en solitario, *Dinasty* salió a la calle el 23 de mayo y descolocó por completo a sus seguidores por incluir sintetizadores y un inconfundible sonido disco en algunos temas. Cierto que no se vendió mal, sobre todo gracias al éxito del

single «I Was Made for Lovin' You», llegando al puesto nueve en el Billboard 200, pero el cambio de orientación era tan acusado en algunos temas, que buena parte de los fans más antiguos les dieron la espalda. La verdad es que visto en perspectiva *Dinasty* no es en absoluto un mal álbum; aparte del single de marras contiene algunas buenas canciones como «Sure Know Something» o la magnífica versión de «2.000 Man», de los Stones, cantada por Ace; pero en aquel momento para el núcleo duro de la KISS Army, para los *die hard* fans de la banda (que eran millones), lo que no hacía tanto era un grupo potente y peligroso, la clase de banda salida de las calles y que a tus padres no les gusta ni un pelo, de repente era pasto de tonadillas disco, apreciados por chavalines que veían en ellos más unos personajes de juguete que un grupo de hard rock y que para más inri se presentaban a los conciertos… ¡acompañados de sus viejos! Frustrante e intolerable a partes iguales.

1979 fue además el año en que la formación original se resquebrajó, produciendo la primera baja en la figura de Peter. La relación del batería –por aquel entonces sumido en un caos de drogas y alcohol– con los demás, especialmente con Gene y Paul, había tocado fondo. Su dependencia de ciertas sustancias no le había impedido, en el pasado, cumplir con su trabajo de forma más o menos profesional. Ahora ya no era posible. Las partes de batería en *Dinasty* corresponden en su mayoría a Anton Fig, músico de sesión que acudió al rescate cuando se hizo patente que Peter no podía cumplir con su parte. Aun así, el *Dinasty Tour* (conocido también como *The Return of KISS*) que empezaría en junio y se alargaría hasta final de año contaría con sus servicios; una decisión que sólo agravaría el mal momento por el que pasaba la banda. Peter no estaba para soportar una nueva gira, cierto, pero además las críticas a los *shows* en general empezaron a ser muy duras, a lo que hubo que sumar varias cancelaciones debido a la escasa venta de entradas, un claro indicador este último de que las cosas iban mal, muy mal.

Al finalizar el *tour*, Peter ya no formaba parte de KISS.

Desenmascarados

Temiendo que el anuncio de su despido dañara todavía más su imagen, decidieron mantenerlo en privado y entrar a grabar un nuevo álbum con Fig rodeados de un compacto y oscuro secretismo. Lo que salió de aquellas sesiones fue un disco todavía más orientado al pop que su predecesor. Editado en mayo de 1980, *Unmasked* se reveló un trabajo falto de empaque, con unas canciones sin gancho y una producción blanda y aséptica que marcó su punto más bajo –discográficamente hablando– hasta el momento, un erróneo y

fallido intento de encajar su música en unos patrones power pop que les eran demasiado ajenos. KISS no eran Big Star, no eran los Raspberries. Lo suyo era otra historia, su rock necesitaba de músculo para funcionar, y *Unmasked* era pura atrofia. Tal vez lo mejor que pueda decirse de él es que tiene una de las mejores portadas de toda su trayectoria, una magnífica carátula en formato de cómic cortesía del reputado ilustrador Victor Stabin.

El título, por otra parte, hacía referencia al deseo de Gene y Paul de olvidarse del maquillaje como manera de emprender un nuevo rumbo en el que fueran más respetados como músicos. Bill Aucoin los convenció de que no lo hicieran: «Por la época de *Dinasty* sintieron que no se les tomaba en serio como músicos. Empezaban a sentirse incómodos al no ser reconocidos por llevar maquillaje. Los de Rush podían entrar en cualquier sitio y ser reconocidos. Los de Cheap Trick, lo mismo. Pero ellos no. Querían ser conocidos, que la gente los identificara cuando entraran en restaurantes o fiestas. No querían ser una banda para niños así que me pidieron que frenara el tema del

merchandising. Y la única manera de que todo eso sucediera era quitándose el maquillaje. Yo estaba en contra de todo eso, y aquello fue el principio de un distanciamiento entre la banda y yo». Pero la realidad es que la idea de mostrar sus rostros públicamente y olvidarse de sus personajes ya se había implantado y seguiría latente hasta que por fin la hicieran realidad tres años más tarde.

De momento no obstante seguimos en 1980 y para la gira de *Unmasked*, que ocuparía la segunda mitad del año, el sitio tras los tambores vendría ocupado ya por el reemplazo oficial de Peter, Eric Carr. De nombre real Paul Caravello, Eric era un experimentado batería de treinta años que no había tenido suerte con las bandas en las que había militado hasta el momento. Pensando incluso en abandonar la música tras demasiadas frustraciones, la oportunidad llamó a su puerta con las audiciones que KISS habían organizado para encontrar unas nuevas baquetas. Con un estilo más cercano al hard rock original de la banda que el de Peter, forjado en bandas de swing y estándares varios, Eric consiguió el puesto casi de inmediato. Aparte de su buen hacer contaba con la ventaja del anonimato, algo que KISS querían mantener a toda costa. Según Paul «Era muy importante para nosotros conseguir a alguien que fuera un desconocido. No queríamos a alguien que hubiera estado la semana anterior tocando en la banda de Rod Stewart, o en Rainbow». El tiempo apremiaba, no obstante. Había que salir de gira y una de las prioridades era encontrar un personaje para Eric, y su correspondiente maquillaje. Tras no pocas intentonas, se le asignó el papel de The Fox, siendo presentado como nuevo miembro de la banda en un episodio del programa juvenil *Kids Are People Too!* emitido en septiembre.

Pero antes de eso la banda ya se había lanzado a la carretera, iniciando el *tour* con una sola fecha norteamericana –en el Palladium de Nueva York, un local de aforo sensiblemente menor que el Garden– a la que siguieron numerosos *shows* primero en Europa y más tarde en Australia y Nueva Zelanda, siendo recibidos como ídolos en uno y otro continente. Su declive en Estados Unidos no parecía afectar su popularidad allende fronteras. En Australia concretamente, tanto *Unmasked* como el single «Shandy» habían sido un bombazo y desde Sídney hasta Melbourne, agotaron entradas allí donde actuaron. Una inyección de moral con la que volver a casa en diciembre, sentarse unos instantes y tratar de relanzar su carrera.

EXPERIMENTOS FALLIDOS

Goin' prog

«Será duro y heavy de principio a fin, rock and roll directo que te volará la cabeza.» Así pronosticaba la *Kiss Army Newsletter* (boletín oficial del club de fans) en su edición de otoño de 1980 la dirección que iba a tomar el nuevo álbum de la banda. Y si bien es cierto que había intenciones de endurecer el sonido y regresar al hard y el heavy, en un intento por ilusionar a los viejos fans descontentos con sus últimas maniobras, que consideraban fofas y blandengues, no es menos cierto que la obsesión de Gene y Paul por recabar respeto crítico y subir un peldaño en su consideración como músicos serios y respetados seguía ahí.

Buscando pues ofrecer un producto contundente pero a la vez más maduro y, en cierto modo, complicado, se hicieron de nuevo con los servicios de Bob Ezrin, que venía de coproducir el *The Wall* de Pink Floyd, e incluso coescribieron un tema —«A World Without Heroes»— con todo un Lou Reed. Contrastando con la banda la idea de un disco conceptual, Ezrin se trajo consigo a miembros de la American Symphony Orchestra y del St. Robert's Choir, para darle a los temas el empaque sinfónico y épico que la banda andaba buscando. Pero de nuevo el experimento fracasó estrepitosamente. KISS tampoco eran Genesis, ni Jethro Tull, ni Emerson, Lake & Palmer, ni compartían demasiados fans con ellos y *Music from «The Elder»*, el álbum resultante, dejó a sus incondicionales más estupefactos aun si cabe.

¿Un disco con coros y arreglos orquestales que narraba la historia de aprendizaje y superación de un joven guiado por un viejo tutor llamado Morpheus? ¿Todo ello envuelto en estructuras inusualmente complicadas, más cercanas al rock progresivo que al tan cacareado retorno al hard? ¿Se habían enajenado por completo?

El descalabro fue histórico. Tras meses de grabaciones ultrasecretas, empezando en marzo de 1981, la publicación de *Music from «The Elder»* en noviembre vino seguida de un rechazo absoluto, mezcla de fastidio e incomprensión, tanto por parte de la crítica como del público.

Ventas paupérrimas (para sus estándares, se sobreentiende), un lastimoso puesto setenta y cinco en las listas y una decepción tan generalizada que los llevó a no salir de gira con el disco bajo el brazo, algo inédito en ellos hasta aquel momento; en su lugar, se centraron en diversas actividades y apariciones promocionales a lo largo de los meses siguientes. Pasado un tiempo, a Gene no le dolieron prendas en calificar el disco de error mayúsculo, declarando con su habitual vehemencia que «como disco de KISS le doy un cero. Como un mal disco de Genesis, le doy un dos. No hay suficientes canciones y es pomposo desde el inicio. Tenía la sensación de que la banda estaba pensando "ok, aquí esta nuestra épica". Pero la épica viene determinada por la gente que lo escucha, no por el grupo que lo afirma. En realidad lo hicimos para la crítica. Nunca deberías buscar el respeto porque el día que a los críticos y a tu madre les gusta la misma música que a ti, se acabó».

Palos de ciego

Y para colmo estaba el cabreo de un Ace Frehley que se sintió ninguneado en las decisiones a lo largo de la grabación, frustrado por la negativa a regresar al hard rock y que vio además como un montón de solos que había grabado se quedaban finalmente en el tintero. Con la salida de Peter ahora estaba en desventaja frente a Gene y Paul (Eric era considerado un mero empleado y no tenía voz ni voto) a la hora de decidir cualquier cuestión, y la ya deteriorada relación con los dos jefes estaba a punto de reventar. *Music from «The Elder»* sería el último disco en el que participaría, aunque aún se mantendría en la banda unos meses más.

¿Era tan malo el álbum como parece? De nuevo y visto en perspectiva hay mucho más de aprovechable de lo que uno pudiera suponer. Fue un experimento fallido pero con momentos interesantes, y sólo la coyuntura permite

comprender por qué en su momento fue tan vapuleado. De hecho años más tarde sufrió un proceso de revalorización por parte de sus fans quienes, sin situarlo en el Olimpo por el que campan sus primeros trabajos, sí se pusieron de acuerdo en situarlo en la cubeta del «pues no estaba tan mal, oye».

Por otro lado la imagen de la banda en aquellos días también sufrió un cambio, y a peor. Las imágenes promocionales (*The Elder* fue el primer disco en el que la banda, en foto o en ilustración, no aparecía en portada) mostraban a Gene, Ace y Paul con el pelo más corto y unos peinados e indumentarias atroces, todo ello en unos decorados en los que uno no sabía bien si acababan de entrar a clase de aerobic o esperaban turno en un puticlub de carretera.

De esa guisa aparecen precisamente en la portada de *Killers*, un segundo recopilatorio cocinado con ciertas prisas a petición de Phonogram, matriz de Casablanca. La compañía les pidió además que grabaran cuatro temas nuevos, orientados exclusivamente al hard rock, como gancho para aquellos fans que ya tenían todo su material y a los que un nuevo *greatest hits* ni les iba ni les venía. Con Ace ya totalmente desvinculado del grupo, sería de nuevo Bob Kulick –junto a una legión de compositores y músicos de sesión– el encargado de sustituirle en las sesiones, todo ello a espaldas de los fans que ignoraban que Ace ya era, oficiosamente, ex miembro de la banda. De hecho en la información que circulaba por los clubs de fans en la época se apuntaba que el Spaceman estaba «temporalmente fuera de servicio» –ciertos rumores apuntando a un accidente de coche o algo parecido– y se daba a un tal Vinnie Vincent (de nombre real Vincent Cusano) como su reemplazo eventual.

Con ocho temas ya conocidos y los cuatro inéditos – «I'm a Legend Tonight», «Down on Your Knees», «Nowhere to Run» y «Partners in Crime»– grabados para la ocasión y presentados como adelantos de su próximo elepé, *Killers* sería editado en junio de 1982 para el mercado exterior, estando disponible en Estados Unidos sólo a través de importación. Un simple entremés que se vendió moderadamente en algunos países pero que desde luego no hizo nada por mejorar la situación y la imagen del grupo. El número de miembros de la KISS Army menguaba a ojos vista y el grupo veía impotente cómo su estatus, tan duramente conseguido, se hundía cada día un poco más.

Criaturas nocturnas

Para completar tan aciago panorama, una funesta noticia vino a golpear a la banda y su círculo por aquellos días. El día 8 de mayo, con tan sólo treinta y nueve años, Neil Bogart fallecía a causa de un linfoma. La desaparición de su principal valedor junto a Bill Aucoin supuso un mazazo para los chicos, pero el *show* debe continuar dice el tópico, y pocos artistas más conscientes de ello que KISS. Y para continuar el *show* escogieron, ahora sí, volver al hard rock clásico con el volumen al once. Al igual que hicieron con los temas nuevos de *Killers*, reunieron de nuevo a toda una pléyade de colaboradores (Steve Farris, Robben Ford, Mike Porcaro, Adam Mitchell, Bryan Adams) de la mano del productor Michael James Jackson y grabaron nueve pepinazos como hacía tiempo que no se recordaba. Impulsados por la frescura y la potencia de Eric Carr tras los tambores y la savia nueva de Vinnie Vincent sustituyendo a Ace como guitarra de sesión (aunque acreditado, Ace no tocó una sola nota en el álbum), las sesiones que empezaron en julio dieron como resultado su álbum más heavy hasta el momento, con obuses del calibre de «War Machine», «I Love it Loud» o el propio tema que titula el disco, «Creatures of the Night». Editado en octubre, el elepé recibió mejores críticas que sus inmediatos predecesores, pero no consiguió recuperar el grueso de fans que habían perdido desde *Dinasty*, ni logró ventas significativas, llegando a disco de oro tan sólo una década después. De hecho en varios aspectos, sería el último álbum: el último que grabarían para Casablanca, el último en el que estaría Ace como miembro y el último en el que aparecerían maquillados hasta el retorno de la formación original en 1996.

La gira de *Creatures of the Night*, que coincidía con su décimo aniversario, empezaría el 29 de diciembre con fechas únicamente norteamericanas y el desconcierto de los fans en los primeros *shows* frente a la ausencia de Ace. Reclutado como nuevo guitarrista para el *tour*, Vinnie Vincent había adoptado en tiempo record un nuevo personaje, diseñado por Paul: The Ankh Warrior, también conocido como The Wizard, así como un nuevo maquillaje de inspiración egipcia.

Ace, segunda baja oficial

Obligados por su nuevo contrato con Polygram a mantener el núcleo de la banda con Ace en ella, ocultaron su ausencia a la compañía y a los seguidores con la excusa de un accidente, llegando incluso a usar para los primeros *tourbooks* fotos en las que todavía aparecía Frehley. Por supuesto, los fans sólo se daban cuenta del reemplazo una vez que el concierto había empezado. Más adelante los anuncios y carteles de los *shows* ya mostrarían a Vincent, pero ello no mejoró ni perjudicó lo que era una realidad innegable: desde un principio las ventas de entradas estaban siendo de nuevo decepcionantes.

La banda se veía otra vez tocando en pabellones semivacíos a pesar de ser su primer *tour* norteamericano desde hacía tres años. Los promotores les ofrecían salas y teatros de mediano aforo donde colgar el cartel de «no quedan entradas» era mucho más factible, pero Gene y Paul rehusaban, exigiendo recintos de gran capacidad, con el consiguiente batacazo y los deprimentes huecos en pista y gradas; y para empeorar las cosas, empezaron a surgir aquí y allá grupos de fanáticos religiosos que los acusaban de ser mensajeros del diablo. En un alarde de inventiva –y estupidez– aseveraban que KISS era el acrónimo de Kings in Satan Service y que el grupo eran poco menos que demonios dispuestos a corromper a la inocente juventud norteamericana. Gene y Paul contraatacaron en la prensa y la televisión, apareciendo en numerosos medios para negar y refutar categóricamente tan estrambóticas acusaciones.

Pero el ambiente estaba ya enrarecido y, sumándole las catastróficas cifras de asistencia a sus conciertos, todo ello dio como resultado la cancelación de la última parte de la gira norteamericana, en una nueva constatación de que pese a sus esfuerzos con el último disco, no habían recuperado el favor de sus fans. Con Ace ya oficialmente fuera del grupo, la gira detenida y la determinación de iniciar una nueva etapa sin maquillaje, en junio surgió una oferta desde Brasil con tres fechas en Río de Janeiro, Belo Horizonte y Sao Paulo.

En la primera de ellas, en el mítico estadio de Maracaná, tocarían delante de la mayor audiencia para la que jamás habían actuado: 137.000 fans cariocas jalearon y corearon sus clásicos en un concierto apoteósico, permitiéndoles borrar por fin el mal sabor de boca del último *tour* y poder cerrar por todo lo alto una etapa entera de su carrera, la primera y más mítica, con un *show* a la altura de su leyenda.

CON LA CARA LAVADA

Quien manda

De regreso en casa tras los triunfales conciertos de Brasil, una serie de decisiones iban a marcar el futuro inmediato de KISS. Uno, iban a grabar un nuevo disco. Dos, lo iban a grabar en el menor tiempo posible. Y tres, el maquillaje ya era historia.

En ese momento de su carrera, KISS ya no era el grupo que había surgido de los barrios neoyorkinos diez años atrás, pues la partida de Peter y Ace había destruido el concepto unitario y equitativo que había definido a la banda desde sus inicios. Carr y Vincent no dejaban de ser meros empleados, asalariados a tiempo completo a los que nunca se les dio carácter de miembros oficiales, como tampoco lo serían los siguientes músicos que los sustituirían, que serían unos cuantos a lo largo de la siguiente década.

KISS en 1983 eran Gene y Paul. Punto. Y desde entonces, incluso durante la reunión que tuvo lugar en la segunda mitad de los noventa, ya sería así. Cabría preguntarse si, en cierto modo, ambos no habían sido siempre los que cortaban el bacalao pese a los acuerdos alcanzados a favor de un reparto a partes iguales en los primeros tiempos. Ellos crearon la banda en inicio, ellos aportaban la mayor parte del material y ellos manejaban las decisiones en última instancia, incluso en épocas pretendidamente democráticas. Ace y Peter podrían ser miembros de pleno derecho en la junta directiva, pero los puestos de Presidente y de Consejero Delegado estaba claro en quiénes recaían.

Dueños más que nunca pues de sus decisiones, en julio entran en el estudio de nuevo a las órdenes de Michael James Jackson, trabajando seis días a la semana desde el mediodía hasta las dos o las tres de la madrugada. Un ritmo de trabajo extenuante que acometen con energía renovadas, espoleados por la expectación que sabían iba a suscitar su decisión de mostrar sus rostros públicamente por primera vez.

La formación de *Lick it Up*, con Vinnie y Eric

Lick it up, baby!

En apenas dos meses tienen listo el álbum, que continúa en la senda metálica ya mostrada en *Creatures of the Night* pero con un tono general menos oscuro y una portada en la que aparecen los cuatro miembros de la banda sobre un fondo blanco con sus rostros sin maquillar. Desde el momento de su edición, el 18 de septiembre, *Lick it Up* –su primer trabajo para Mercury Records– no hizo más que subir en las listas, certificado oro en diciembre gracias en parte a la campaña publicitaria que acompañó su decisión de desmaquillarse, así como por dos videoclips –el del tema homónimo y «All Hell's Breakin' Loose», los dos singles del elepé– absolutamente descacharrantes, pura imaginería hard ochentera con decorados post apocalípticos de saldo y un buen número de modelos femeninas ansiosas por los favores de nuestros héroes. Ni que decir tiene que ambos vídeos recibieron amplia difusión a través de la MTV, proporcionándoles de rebote el interés de toda una nueva generación de metalheads para quienes los KISS maquillados formaban parte de un pasado muy remoto. Y aunque tendrían que pasar siete años para que fuera certificado platino, la buena recepción de *Lick it Up* marcaría indudablemente el resurgir de KISS en los ochenta.

Pero entre tanta buena noticia, a Gene y Paul les había salido un grano en el culo llamado Vinnie Vincent: al parecer, habían metido en la banda a alguien con tanto o más ego que ellos, por imposible que pudiera parecer. Disconforme con su papel en la banda y con los emolumentos que percibía, el pequeño guitarrista no había llegado a firmar un contrato para oficializar su estatus como miembro de KISS. Ello por supuesto no fue del agrado de los jefes, cuyo mosqueo se fue agravando ante las insinuaciones de Vinnie de que el renacimiento de la banda era mérito exclusivo suyo.

El curioso caso del Dr. Vincent

La tensión fue en aumento conforme el *tour* de *Lick it Up*, que había empezado el 11 de octubre en Lisboa, iba avanzando, hasta que finalmente Vinnie se largó (o le dieron la patada, según quién lo cuente) tras la primera etapa europea.

Ocurrió no obstante que les fue imposible encontrar un sustituto en tan poco tiempo, así que tragándose su orgullo (y eso en el caso de Gene y Paul es como tragarse el Empire State de través) le pidieron que volviera para completar la segunda vuelta del *tour*, esta vez en Estados Unidos. Craso error. Vinnie era un buen compositor y un guitarrista competente, pero sufría de unos ridículos delirios megalómanos. Así, lo que en principio eran sus momentos de lucimiento con solos de varios minutos que debían terminar dándole el pie a Paul para presentar el siguiente tema, empezaron a alargarse hasta proporciones demenciales, con el resto de la banda esperando en escena a que le diera la gana acabar y de paso maldiciéndole los huesos. Gene y Paul le acusaban de dejarlos en evidencia, él les recriminaba que reprimieran sus interpretaciones.

En un *show* en enero de 1984 en el Forum de Los Angeles, Vinnie siguió tocando pese a que Paul le pedía entrada reiteradamente y la cosa derivó en una pelea en el camerino que casi acaba a tortas entre ambos, con Gene, Eric y unos cuantos *roadies* separándolos. Pero lejos de moderarse en siguientes

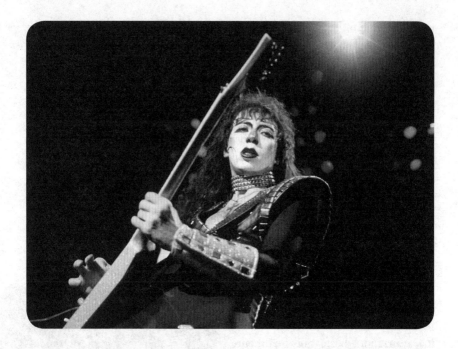

fechas, la cosa fue a más, llegando a su cénit en marzo durante un concierto en Quebec, cuando justo al término del *show*, con la banda cerrando el set, Vinnie –sin previo aviso-se arrancó con uno de sus maratonianos solos improvisados dejando a los otros tres sin saber qué hacer, de pie como idiotas mientras él masturbaba el mástil de su guitarra como un mandril en celo.

Así las cosas, no debería sorprendernos que volviera a ser despedido con cajas destempladas (o presentara su dimisión, de nuevo depende de quién lo cuente) al terminar la gira en marzo y esta vez sí de forma definitiva.

Solo ante el peligro

Los planes para el siguiente álbum se vieron condicionados por un factor que *a priori* nadie hubiera podido prever: la falta de compromiso con la banda por parte de Gene. El Dios del Trueno de hecho llevaba ya mucho tiempo siendo pasto de los focos y del papel couché, desde su relación con Cher primero, a finales de los setenta, y más tarde con Diana Ross: «Cada día de la semana ibas a fiestas y conocías gente a la que no podía importarle menos el rock and roll», afirmaba el bajista. Una vida entre portadas de la revista *People* y fotos robadas en saraos de todo pelaje que le llevó a un punto en que sus otros proyectos pesaban más que la banda de su vida. Enfrascado en el *management* y producción de otros grupos, tratando de iniciar una carrera como actor

en Hollywood y con varias aventuras empresariales abiertas, Gene tenía la
cabeza en todas partes menos en KISS.

Y ello se vio claro cuando entraron al estudio para grabar *Animalize*. Con
un nuevo guitarrista en el equipo, Mark St. John, fichado a vuelapluma y con
Gene enfrascado en sus tinglados, Paul se encontró con que prácticamente
toda la responsabilidad del nuevo trabajo recaía sobre él: «Para *Animalize*
Gene se había comprometido para trabajar en una película [*Runaway*, N. del
A.]. Vino al estudio, grabó todas sus partes y se largó. Escuchando más tarde las canciones, la mayoría eran inservibles. Así que tuve que rehacer todas
aquellas partes y además grabar el resto del álbum. Fue un tanto abrumador
porque me encontré con una caja de borradores, algunos directamente para
tirar, otros para ser reconstruidos». Para esa tarea de reconstrucción le echó
un cable un viejo amigo, el ex Plasmatics Jean Beauvoir, encargándose de las
cuatro cuerdas en varios temas. Por si fuera poco, a nivel musical no contactó
demasiado con St. John. Guitarrista académico, más formado en el jazz y la
música clásica que en el rock and roll y el heavy metal, el nuevo fichaje se las
apañó no obstante para llevar adelante su cometido y *Animalize* llegó a las
tiendas a mediados de septiembre. Siguiendo la estela de *Lick it Up*, ahondan-
do si acaso en el sonido hard glam que acabaría haciendo de la escena angelina
una de las mecas del heavy en los ochenta, el duodécimo disco de KISS se
vendería de maravilla, alcanzando cifras que no veían desde los tiempos de

Con Mark St. John en la época de *Animalize*

Dinasty y añadiendo un nuevo clásico –el infalible single «Heaven's on Fire»– a su lista de himnos. Pero de nuevo la mala suerte se iba a cebar con ellos. St. John llevaba tiempo batallando con una enfermedad llamada artritis reactiva, o síndrome de Reiter, una dolencia articular que le estaba imposibilitando llevar a cabo su cometido.

Animalize, Asylum y los dorados ochenta

Así, al poco de iniciada la gira del nuevo álbum, tuvo que ser reemplazado a toda prisa –y al poco de manera permanente– por Bruce Kulick, hermano pequeño de Bob, mientras el infortunado St. John veía su contribución a la banda cortada de raíz. El *tour* continuó por Europa hasta volver a Norteamérica a mediados de noviembre, donde *Animalize* estaba pegando más fuerte incluso de lo esperado. La resurrección iniciada con *Lick it Up* seguía su curso ascendente, con la gira actual mejorando números de asistencia y restableciendo el estatus de la banda si no de forma completa, si más cercana a lo que

Bruce Kulick

una vez fueron. En realidad el periodo 84-85 fue el más exitoso para la banda en toda la década de los ochenta con «Heaven's on Fire» subiendo en las listas, con los recintos llenándose de nuevo y con *Animalize* llegando a los dos millones de copias vendidas al término de la gira, en marzo de 1985. Un panorama esperanzador, una inyección de moral que había que aprovechar con un nuevo disco cuanto antes.

Con Kulick ya como miembro de pleno derecho, la primera formación estable de KISS en bastante tiempo entró a grabar una continuación para *Animalize* que vería la luz justo un año después de este. Pero *Asylum* resultó menos inspirado que su predecesor, un disco aceptable pero un tanto apresurado que pese a generar tres vídeos –«Tears Are Falling», «Who Wants To Be Lonely» y «Uh! All Night»– sólo consiguió editar como single el primero de ellos y con éxito más que moderado. Paul lo resumía en que «fue un intento de segunda parte de *Animalize*, pero no creo que fuera tan bueno como aquel.

Aparte de "Tears Are Falling" y unos pocos temas más, pienso que era un refrito de ideas anteriores».

La gira de *Asylum*, iniciada a finales de noviembre, se alargaría hasta abril de 1986 y sería la primera desde el *Dinasty Tour* del 79 en que no habría fechas fuera de Estados Unidos. A su término, la banda relajaría un poco el ritmo y se tomaría su tiempo antes de volver a presentar nuevo material en estudio a sus fans.

Bienvenidos a nuestra mansión

En vez de ello editarían algo por lo que las huestes de la KISS Army habían estado suspirando durante casi toda su carrera: un documental en profundidad sobre las entretelas de la banda. Hagamos antes un ejercicio de memoria para situarnos en contexto. En los setenta y los ochenta el acceso a material audiovisual de los artistas era algo muchísimo más limitado que en la actualidad, cuando con un solo clic accedemos a docenas, cientos de documentos –vídeos, conciertos, entrevistas, documentales– a través de nuestros dispositivos. En los setenta sólo mediante ciertos programas de televisión podían los fans ver a sus artistas favoritos en directo o siendo entrevistados. La irrupción de la MTV a

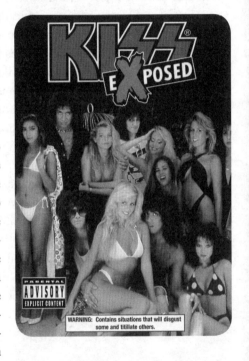

principios de los ochenta vino a paliar en parte esa situación, pero fueron los vídeos domésticos los que permitieron a mediados de década que los artistas editasen y comercializasen sus *shows* o sus documentales.

En el caso de KISS, dejando aparte apariciones televisivas y su telefilm de 1978, sólo existía un vídeo publicado en 1985 que recogía una actuación en el Cobo Hall de Detroit un año antes, durante la gira de *Animalize*. Una primera golosina para saciar el hambre de los fans en cuanto a material en VHS, pero que se limitaba a filmar a la banda en escena. Y lo que la mayoría de los seguidores querían desde hacía tiempo era algo distinto, algo que recogiera escenas más íntimas, que mostrara a la banda en la carretera o entre bambalinas. Un vídeo con material antiguo, con vídeos, con entrevistas, con sus ídolos actuando de forma más personal y cercana... un documental en toda regla, vamos.

Ese documental se tituló *Exposed* y en él abrieron sus arcas y archivos para ofrecer una retrospectiva de la banda en la que no faltó el cachondeo, las chicas ligeras de ropa y un sentido del humor tan desenfadado como chabacano. Ambientado en Gray Hall, una mansión en Beverly Hills durante el verano de 1986, es allí donde la banda supuestamente habita cual familia feliz y cohabita con multitud de modelos en biquini, y donde reciben a un supuesto reportero al que mostrarán las «intimidades» de KISS. Ejemplo: el periodista llama a la puerta y el timbre toca la melodía de «Rock and Roll All Nite»; Paul abre la puerta somnoliento creyendo que habían quedado a medianoche y no al mediodía y les dice que vuelvan más tarde. Una vez dentro de la mansión, la cámara entra en la habitación de Paul, en cuya cama yacen media docena de modelos exuberantes y un chimpancé. Sutileza al más alto nivel, vamos...

Este será el tono del hilo conductor de la cinta, puesta a la venta en mayo de 1987; una mezcla de exhibición y exageración en la que se ríen de sí mismos a la vez que hacen indisimulada apología de su estilo de vida, poniendo el foco en el lujo y el sexo como parte indisoluble de la vida del *rock star* profesional. Videoclips, actuaciones de los setenta, *sketches* y payasadas varias (impagable la clase de aerobic de Stanley) se intercalarán con entrevistas más o menos en profundidad a Gene y Paul (lamentablemente, Eric y Bruce apenas si tienen protagonismo), ofreciendo una hora y media de puro entretenimiento que los fans recibieron con los brazos abiertos.

LOS TIEMPOS ESTÁN CAMBIANDO

Noches locas

Cuando *Exposed* llegó a las estanterías de las tiendas, la banda llevaba ya un par de meses encerrada en el estudio con la intención de publicar un nuevo disco antes de final de año. Después de dos discos prácticamente autoproducidos, en esta ocasión recabaron ayuda externa en la figura de Ron Nevison, quien en los setenta había trabajado –primero como ingeniero y más tarde ya como productor– con gente de la talla de The Who, Led Zeppelin, Thin Lizzy o UFO: «Yo había trabajado previamente en el *Physical Graffiti* de Led Zeppelin y en el *Quadrophenia* de los Who, como ingeniero de sonido, todo eso antes de 1975. Hice los tres primeros discos de Bad Company, así que Paul estaba familiarizado con mi trabajo desde los setenta. Como productor empecé a tener éxito en la CHR (Contemporary Hit Radio) en aquellos días con singles de The Babys, Dave Mason, Survivor. También con Heart, por supuesto, con quien conseguí dos números uno, grandes singles con Chicago y Ozzy Osbourne. En 1987, cuando KISS estaba a punto de grabar un nuevo álbum, miraban en mi dirección».

Como Gene seguía sin involucrarse demasiado, tanto Eric como Bruce tuvieron espacio para aportar ideas en materia de composición, mientras Paul hacía otro tanto coescribiendo con expertos en *hits* como Desmond Child, Diane Warren o Adam Mitchell. Con todos estos mimbres no era ningún

secreto que lo que se buscaba era un bombazo en toda regla, un elepé que rompiera en los *charts*.

Pero *Crazy Nights*, editado el 21 de septiembre de 1987, se quedaría un poco a medio camino. No fue un descalabro del calibre de *The Elder*, ni pasó tan inadvertido como *Asylum* –de hecho fue certificado platino en Canadá en noviembre y en Estados Unidos tres meses después, y logró un más que correcto puesto 18 en el US Billboard 200, la máxima posición que alcanzaría un álbum suyo en los ochenta– pero tampoco llegó a ser el trallazo comercial al que aspiraban, a pesar de que tanto el single «Crazy Crazy Nights» como la balada «Reason To Live» recibieron amplia difusión radiofónica. Al otro lado del charco, no obstante, las cosas tenían otro cariz: «Crazy Crazy Nights», con su irresistible estribillo a lo Slade, llegó al número cuatro en las listas británicas, uno de los mayores logros de la banda en el Reino Unido en toda su trayectoria.

Donington Castle

La gira para *Crazy Nights* sería una de las más extensas de su carrera, empezando el 13 de noviembre en Jackson, Misisipí, y alargándose durante prácticamente un año con la mayoría de las fechas en Norteamérica. En abril de 1988 volverían a Japón para un mini *tour* de cinco fechas, y terminarían de agosto hasta octubre con un tramo final europeo que tuvo como uno de sus puntos culminantes su inclusión en el festival de Donington de aquel año, en una de sus más míticas y trágicas ediciones. Compartiendo cartel con Iron Maiden, David Lee Roth, Megadeth y Guns N' Roses, durante el *show* de estos últimos una serie de avalanchas dejó sepultados en el barro a dos jóvenes del público, que llegarían ya sin vida al hospital.

Episodios luctuosos aparte, el paso de KISS por Castle Donington era sintomático del buen momento que atravesaban, a nivel mediático, especialmente en Europa.

Antes de Navidad, el 15 de noviembre concretamente, Mercury pondría en la calle un nuevo recopilatorio de grandes éxitos titulado *Smashes, Trashes and Hits*, destinado básicamente a los fans de nuevo cuño, aquellos para los

que *Double Platinum* quedaba ya muy
lejos. Pero al igual que ocurrió con
aquel, aquí también hubo remezclas a
mansalva, e incluso se llegó a regrabar
«Beth» con Eric Carr a las voces. Un
reconocimiento a la profesionalidad
y el talento del bueno de Eric tanto
como una puñalada trapera a Peter,
que había hecho de la canción algo
casi personal. Y del mismo modo que
en *Killers* se incluyeron algunos inéditos para captar al público completista,
en este caso dos de los quince temas
también fueron escritos para la ocasión: «Let's Put The X in Sex» y «(You
Make Me) Rock Hard», dos canciones
menores que no pasaban del aprobado

justito y que, evidentemente, cantaban como una almeja compartiendo espacio con los otros trece clásicos. Sea como fuere, para alguien que quisiera
introducirse en el mundo de KISS a finales de los ochenta era un compendio
más que digno, la selección era bastante coherente y como resultado las cifras
de ventas no fueron nada desdeñables, siendo certificado platino en 1996.

Paul por su cuenta

El año 1989 empezó con una auténtica sorpresa para los seguidores de KISS.
Paul llevaba un par de años escribiendo y grabando material con la intención
de publicar un disco en solitario, pero la edición de *Smashes, Trashes & Hits*
relegó el proyecto a un cajón. Lejos de desanimarse y sin planes a corto plazo
para la banda, lo que hizo nuestro hombre fue planificar una gira de clubs
en solitario a lo largo y ancho del país, llevándose como músicos de acompañamiento a su colega Bob Kulick, a Eric Singer (que venía de tocar con
Lita Ford, Black Sabbath y Badlands) como batería y al antiguo bajista de los
australianos Heaven, Dennis Feldman. Una banda sólida y experimentada
para cubrirle las espaldas sin fisuras en un solo *tour* bautizado como *One Night
Stand*, desde mediados de febrero hasta principios de abril, y con un *set list* sin
demasiadas variaciones, compuesto por un grueso de canciones de KISS más
algunos temas de su disco en solitario del 78 y el «Communication Break-
down» de Led Zeppelin en los bises. Una oportunidad para los fans de ver a

uno de sus ídolos en recintos mucho más íntimos y con un espectáculo infinitamente más sobrio, y una ocasión para Paul de reencontrarse con su faceta menos histriónica, comandando una banda de amigos por el puro placer de tocar –el *tour* no estaba diseñado para enriquecerse, precisamente– sintiendo el calor del público sin mediar fosos ni pirotecnia.

El buen recibimiento y el éxito de la gira, que viajó de costa a costa incluyendo algunas fechas en Canadá, animó sobremanera a Paul para enfrentarse, una vez concluida, a la tarea de preparar el siguiente disco de KISS con energías renovadas.

Pero Paul no fue el único en centrarse de nuevo en la banda tras sus devaneos en solitario, sino que Gene reactivó –aunque sólo en parte– su compromiso, empezando a darse cuenta de que no podía abarcar tantas cosas a la vez. Atrincherados en los estudios The Fortress de Hollywood durante el verano y buscando alejarse de los sintetizadores y el pop metal que flotaba por su anterior grabación, Gene y Paul se sentaron tras la mesa en tareas de producción –parcialmente para ahorrar costes– y dieron a luz quince temas de sonido deliberadamente crudo y agresivo. *Hot in the Shade*, editado en octubre, fue en palabras de Paul «un buen paso adelante de cara a volver a casa, no recreando lo que habíamos hecho anteriormente sino reafirmándonos, redefiniéndonos […]. Teníamos que decirnos a nosotros mismos "¿hay algo que estemos haciendo o que nos haya acompañado durante los últimos quince años que sea equipaje innecesario? Pues librémonos de él y asegurémonos de que la base de lo que hacemos es rock'n'roll de guitarras, porque esa es la razón por la que empezamos y no debemos olvidarlo nunca". *Hot in the Shade* es un álbum que vuelve a lo que la gente asume como los KISS clásicos».

Cuarenta a la sombra

Siendo como es un elepé en el sentido más tradicional –esto es, una colección de temas que conforman una unidad más que un par o tres de *hits* potenciales con material de relleno–, resulta en cierto modo curioso que del mismo se extrajera uno de los singles más exitosos de toda su carrera. Escrita por Paul y el inefable Michael Bolton, «Forever» es una de esas baladas rebosantes de glucosa tan características del de New Haven que encanta a la radiofórmula y captan miles de oyentes a la primera escucha. Lanzada como siete pulgadas en enero de 1990 y con un vídeo de apoyo que se emitía en la MTV a todas horas, «Forever» llegó al número ocho en el Billboard 100 Chart, el primer sencillo de la banda en entrar en el Top 40 norteamericano desde «I Was Made for Lovin' You» diez años antes.

Los preparativos para la gira del álbum, conocida como *H.I.T.S Tour* atendiendo a las siglas del título, no habían generado un excesivo entusiasmo a finales de 1989, cuando el primer single del disco –«Hide Your Heart», que Paul ya había presentado en directo en algunas fechas de su tour en solitario– sólo llegó al número 22 en listas; a raíz de ello decidieron dar marcha atrás y esperar para contratar fechas, una decisión que se reveló acertada cuando «Forever» empezó a pegar fuerte a principios del año siguiente. Aquel sí

era el momento y en efecto los promotores se mostraron muchísimo más interesados, al tiempo que la canción reactivaba la venta de entradas a ojos vista.

El *tour*, con fechas exclusivamente norteamericanas, se extendería de mayo a noviembre y constataría que el periplo de KISS a lo largo de los ochenta, pese a sus altibajos, podía saldarse en positivo sin dudarlo. Si el final de los setenta y los primeros años de la década que dejaban atrás habían llegado a poner a la banda al borde del precipicio, finalmente habían demostrado saber sobreponerse a todo y a todos, incluso a ellos mismos y sus malas decisiones. Habían superado pruebas de todo tipo, baches y trabas que hubieran acabado con la vida de muchas otras bandas: la salida de Peter y Ace, el fracaso con los primeros reemplazos del guitarrista, los varapalos críticos y los cataclismos comerciales, las derivas estilísticas y el desplome en popularidad, las giras tocando en recintos semivacíos y el cara o cruz que significó abandonar el maquillaje… en fin, unos años aciagos como pocos de los que habían emergido renacidos cual ave fénix, disfrutando de una más que merecida segunda juventud.

La tragedia llama a la puerta

En febrero de 1991 un nuevo proyecto pondría a la banda en acción. Los productores del film *Bill & Ted's Bogus Journey* (estrenada entre nosotros como *El viaje alucinante de Bill y Ted*) les pidieron que grabaran una versión del tema «God Gave Rock'n'Roll To You» de los británicos Argent (Russ Ballard volvía a cruzarse en su camino), que había de ser producida por Bob Ezrin a sugerencia de Gene. Reunidos diez años después del fiasco de *Music from The Elder*, Bob y los chicos reescribieron la canción y entraron a grabarla.

Eric Carr

A las sesiones fue invitado Eric Singer para encargarse de la batería, pues Carr arrastraba ciertos problemas de salud, aunque acabó participando en la grabación cantando unos versos a capela. La canción –retitulada «God Gave Rock'n'Roll To You II»– sería incluida en la película y alcanzaría un gran éxito, subiendo al Top 30 en varios países (incluyendo Estados Unidos, Gran Bretaña y Australia) y animando al grupo a volver a trabajar con Ezrin en un nuevo álbum: «Yo fui –reconocía Gene– el que propuso que Bob produjera primero una canción porque *The Elder* no fue una buena experiencia. Bob no estaba muy lúcido. Aunque hay algunas canciones en aquel disco que me gustan, fue claramente un disco fallido y Bob no estuvo a su altura. Y antes de que empezara a trabajar de nuevo con nosotros quería estar seguro de que estaba en forma. Creo que "God Gave Rock'n'Roll To You II" es una de las mejores cosas que nunca hayamos hecho».

Pero si la felicidad no dura demasiado en casa del pobre, según dicen, en casa del rico –o del multimillonario, ya puestos– en ocasiones, tampoco. Apenas decidido que Bob se encargaría de producir el nuevo disco, ansiosos e ilusionados tras la buena experiencia del single, los problemas de salud de Eric se agravaron y tras varias pruebas, le fue diagnosticado un tumor cardíaco primario (en otras palabras, cáncer de corazón) que requería una intervención quirúrgica de urgencia. Operado a corazón abierto en abril, Eric pasó por quimioterapia antes de reunirse con la banda en julio para la filmación del vídeo de «God Gave Rock'n'Roll To You II». Parcialmente recuperado y luciendo una peluca para ocultar los efectos de la quimio, esa sería su última aparición como miembro de KISS. Tras la filmación, pidió a Gene y a Paul volver a la banda, pero estos se negaron aduciendo que lo principal era que se centrara en combatir su enfermedad. Su puesto –ocupado ahora por Singer– seguiría a su disposición una vez se hubiera curado por completo.

Desgraciadamente Eric nunca se recuperaría. En muy poco tiempo su enfermedad se agravaría y se complicaría con otras dolencias hasta que falleció el 24 de noviembre de 1991, el mismo día –macabras coincidencias del rock and roll– que moría también Freddie Mercury. El palo fue de los gordos, no sólo para Gene, Paul y Bruce y el entorno más íntimo de la banda, sino para la mayoría de sus seguidores. Con su profesionalidad y su carisma Eric había sabido sustituir durante más de diez años a todo un icono como Peter, mostrándose siempre como un gran músico y un buen tipo y su desaparición dejó huérfana a la gran familia de KISS, que veía cómo la nueva década se inauguraba con una tragedia que nadie esperaba.

Los tiempos ya han cambiado

Tras acudir al funeral que se ofició en Nueva York, el grupo volvió a los estudios Rumbo Recorders de Los Ángeles para continuar con las sesiones que habían iniciado en septiembre. El ritmo de trabajo fue lento y farragoso. Todos buscaban dar lo mejor de ellos mismos, tal y como Paul aseguraba: «Pasamos tres meses escribiendo, luego poniéndolo en común y descartando la mayor parte del material. Era como correr en una cinta. Volvíamos al trabajo, componiendo y volviendo a pasar por el mismo proceso, una y otra vez. Sacar un buen álbum es fácil. Sacar un gran álbum es lo realmente difícil».

La mejor noticia empero es que de una vez por todas Gene había aparcado sus delirios de estrella de cine y magnate discográfico y se dedicaba en cuerpo y alma, por primera vez en años, a la grabación del nuevo álbum. Esta vez no había proyectos paralelos, ni rodajes ni distracciones de ningún tipo; el cien por cien de sus energías estaban focalizadas en el nuevo álbum, dirigidas con mano firme por un Bob Ezrin que se involucraría en la composición de muchos temas y cuya habilidad para extraer lo mejor de los músicos con los que trabajaba volvía a funcionar a pleno rendimiento. Todos tenían claro por otro lado que querían ofrecer un disco a la vieja usanza, rock duro y desprovisto de artificios, heavy metal directo al tuétano.

Recordemos que estamos en plena era grunge y que el boom de Seattle se había cepillado de un plumazo la escena sleazy y hard rockera que había campado a sus anchas en la segunda mitad de los ochenta. Una nueva generación crecida con el punk, el hardcore y el hard rock setentero más denso y oscuro extendía sus tentáculos desde el noroeste, barriendo medio orbe con una música en las antípodas del hedonismo del club de la laca.

Y KISS, sin pretender –de momento– subirse al carro, sí supieron ver esa realidad y deshacerse de su vertiente más lúdica para, dentro de sus parámetros, adaptarse en lo posible a la demanda de un mercado poco receptivo a canciones sobre noches locas y tías cachondas. Se trataba básicamente de preservar su identidad deshaciéndose de ciertos lastres.

Y para ello, en palabras de Ezrin, lo mejor era recuperar las sensaciones del pasado: «Volvimos a nuestros antiguos roles, empezamos a contar los mismos chistes otra vez, choteándonos unos de otros como en los viejos tiempos y reviviendo muchos de los momentos que habíamos compartido en Nueva

York. Fue muy parecido a una reunión familiar. Además de haber trabajado juntos éramos muy buenos amigos pero de algún modo nos fuimos separando, y *The Elder* tampoco ayudó [...]. Aquel periodo de mi vida fue terrible. Había pasado por un divorcio, tenía problemas con las drogas, no estaba bien. Pero volvimos a trabajar juntos, los tres limpios y sanos y bien dirigidos, y funcionó».

Las sesiones de trabajo se beneficiarían también de la ayuda de un invitado no previsto: Vinnie Vincent. Un encuentro fortuito y una charla distendida en la que al parecer Vinnie quiso hacer las paces los llevó a ofrecerle una eventual colaboración. Alcanzado un acuerdo, el que fuera The Wizard no tantos años antes escribiría algunas de las mejores canciones del álbum ya fuera junto a Gene («Unholy») o Paul («I Just Wanna»), pero antes de que el disco se editara las cosas volvieron a torcerse. Según Gene, Vincent se echó atrás respecto al contrato firmado y quiso renegociar. Al no conseguirlo demandó al grupo y perdió, siendo declarado persona non grata a perpetuidad. Un final en cierto modo coherente, tan absurdo y kafkiano como casi toda su trayectoria siendo miembro de KISS.

Revenge se terminó de grabar en marzo de 1992 y salió a la venta dos meses después recibiendo mayoritariamente buenas críticas y subiendo directamente al número 6 del Billboard, su primer álbum en entrar en el Top 10 desde *Dinasty*, un despegue fulminante que no se mantuvo demasiado tiempo, pero sí el suficiente para ser certificado oro en Estados Unidos y Canadá.

NOSTALGIA DEL MAQUILLAJE

El descalabro del Revenge Tour

La gira de *Revenge* tuvo un inicio un tanto atípico. Tres semanas antes de que el disco saliera a la venta la banda se embarcó en un *tour* de trece fechas por clubs de pequeño y mediano aforo a lo largo y ancho de Estados Unidos, desde California hasta Nueva York, en una suerte de precalentamiento para el *tour* por grandes arenas. Con un *set list* plagado de grandes éxitos, con apenas tres canciones del nuevo álbum, KISS actuó ante unos cientos de afortunados en clubs míticos como el Troubadour de Los Ángeles, el Trocadero de Filadelfia o el Ritz de Nueva York en unos *shows* –por motivos obvios– sin los grandes montajes habituales, sin explosiones ni pirotecnia alguna. Tan sólo rock and roll a altísimo volumen, tocado con una fiereza hasta entonces inédita.

El 16 de mayo, con *Revenge* ya editado, viajan al Reino Unido para una serie de ocho conciertos desde Glasgow hasta Birmingham con un repertorio prácticamente calcado al de los clubs, antes de volver a casa y preparar concienzudamente toda la gira doméstica y dar los últimos retoques a un segundo documental que revisaría y ampliaría lo ya ofrecido en *Exposed*, pero sin escenas dramatizadas.

Publicado a mediados de julio, *X-treme Close Up* volvería a centrarse en el clásico formato de entrevistas y vídeos más material *vintage* para ofrecer

Con Eric Singer en la época de *Revenge*

una visión en profundidad de su carrera hasta aquel momento. Las entrevistas por supuesto vuelven a monopolizarlas Gene y Paul (con pequeñas apariciones de Singer y Bruce), pero resultan lo suficientemente reveladoras para complementar el magnífico material de archivo –remontándose a sus inicios– que salpica la filmación.

Pasado el verano llegó el momento de lanzarse de nuevo a la carretera. El 1 de octubre se inauguraba la tercera etapa del *Revenge Tour* con un *show* en el Stabler Arena de Bethlehem, Pensilvania. Para los *shows* en casa a los tres temas del anterior *set list* –«Unholy», «Take It Off» y «God Gave Rock 'n' Roll to You II»– añadieron «I Just Wanna» y «Domino», repóquer encajado con tino entre todos sus demás grandes clásicos, más una versión del himno nacional estadounidense, «The Star-Spangled Banner», a cargo de Kulick en los bises. Todo parecía estar bien diseñado, bien preparado, para continuar la senda ascendente heredada de sus dos últimas giras… pero sorprendentemente no sólo no hubo ascenso, sino que hubo un costalazo de dimensiones cósmicas. En otras palabras, que no se vendían entradas ni a precio regalado. ¿Las razones? Se ha especulado con varias, siendo la más aceptada la que arguye la caída de *Revenge* en los *charts* por aquel entonces.

Asuntos personales

Como ya hemos comentado, el disco subió como un cohete en las listas, y en apenas unas semanas alcanzó registros de récord. Pero en aquellas fechas –primeros de julio-, Paul y Gene estaban enfrascados en asuntos de índole personal. El primero, rompiendo más de dos décadas como soltero empedernido –y fornicador impenitente– pasando por el altar para casarse con la actriz Pamela Bowen. Gene, por su parte, vio nacer a su hija Sophie (su segundo retoño tras Nick, nacido en 1989), fruto de su ya por entonces larga relación con la ex *playmate*, actriz y modelo Shannon Tweed.

Pero aquellos acontecimientos privados iban a propiciar que el principio de la gira, previsto para aquel julio, se retrasase hasta octubre. Y en el impasse, *Revenge* se desplomó como un peso muerto mientras el quinto single –«Everytime I Look At You»– lanzado para tratar de revertir la situación no logró su objetivo en absoluto. ¿Fue esa la principal razón, o hubo otras circunstancias? Seguro que la escena musical del momento y un público –el metálico– seducido lenta pero firmemente por nombres como Nirvana, Pearl Jam, Alice in Chains o Soundgarden pesó y no poco en la paupérrima asistencia a sus conciertos, entre otras cosas. Pero fuera por lo que fuera, lo que no admitía discusión es que aquella gira no funcionaba, y por lo tanto decidieron terminarla en diciembre, con un último *show* en Phoenix, Arizona. Una segunda parte del *tour*, originalmente planeada para iniciarse a finales de enero de 1993, fue cancelada en su totalidad.

Si algo puede salvarse de aquel desastre fue que algunos de los conciertos –los de noviembre en Cleveland, Detroit e Indianápolis concretamente– serían grabados por Eddie Kramer para servir de base a una tercera parte de *Alive!*.

Las manos sobre el cemento

Titulado –como no podía ser de otro modo– *Alive III*, el nuevo *live* de KISS no está a la altura de su mítica primera entrega, y es incluso inferior a su secuela, pero sirve de forma más que competente para documentar el directo de su etapa sin maquillaje. Y siguiendo con la tradición, sufrió de ciertos retoques y remezclas, siendo la más comentada la inclusión de «I Was Made for Lovin' You», que no formaba parte del *set list* de la gira y que al parecer procede de una de las pruebas de sonido, con la respuesta del público añadida en estudio.

A pesar de la aceptable respuesta de la crítica y de las más que notables ventas –fue certificado disco de oro al año siguiente–, el desastre de la gira de

Revenge estaba todavía muy reciente y tras su edición en mayo, no hubo gira alguna para promocionarlo.

Un acontecimiento en aquellos días, no obstante, vendría a darles un espaldarazo y restañar su maltrecho ego, aunque fuera levemente. El 18 de mayo, apenas cuatro días después del lanzamiento de *Alive III*, KISS eran investidos en el Hollywood Rockwalk. Integrado en el enorme Guitar Center de Sunset Boulevard, en el corazón de Los Ángeles, el Rockwalk rindió tributo a Gene, Paul y Bruce con su habitual sistema: haciendo que los músicos dejen la impronta de sus manos en unos bloques de cemento que posteriormente se exhiben en el local.

De ese modo KISS entraba a formar parte de una institución que cuenta en sus paredes con las huellas de nombres tan importantes como Van Halen, Johnny Cash, Aerosmith, Dick Clark, The Doobie Brothers, Jimi Hendrix, Willie Dixon o Les Paul entre muchos otros.

Lógicamente ni Peter ni Ace estuvieron presentes, ni siquiera invitados, pero ambos conseguirían colgar su placa en el Rockwalk un par de años después; Eric Carr sería añadido póstumamente, también en el verano del 95.

Para seguir explotando la vaca del VHS, que tan buenos réditos daba en la era preinternet, en agosto saldría a la venta *Kiss Konfidential*, un nuevo vídeo centrado en la gira de *Revenge*, con unas cuantas entrevistas de *backstage* y cuatro filmaciones en directo de mediados de los setenta, cosa que siempre se agradece pero que aquí huele más a anzuelo para que piquen los veteranos que a otra cosa. La parte más interesante –material de la gira aparte– tal vez sean las escenas en el bus de gira o aquellas entre bambalinas en las que se muestran, si bien escuetamente, escenas de técnicos y *roadies* preparando y probando los efectos que la banda usará en escena. En 2004 sería reeditado en DVD en una edición conjunta con *X-treme Close Up*, para que todos aquellos que tenían las cintas de vídeo a punto de desintegrarse, o ya directamente dentro de una caja en el desván, pudieran volver a gastarse la pasta en una nueva referencia de la banda.

Kiss My Ass

No habría muchas más noticias destacables en muchos meses –apenas un par de *shows* esporádicos en abril de 1994– hasta que en junio, coincidiendo con el vigésimo aniversario de la banda, vería la luz el primer disco tributo a KISS, titulado *Kiss My Ass: Classic Kiss Regrooved*, en el que una serie de artistas reinterpretaban una docena de clásicos, prácticamente todos de su primera etapa. Artistas que iban desde el más puro *mainstream* –Garth Brooks, Lenny Kravitz junto a Stevie Wonder, Extreme o Gin Blossoms– a nombres de la escena alternativa –Lemonheads, Dinosaur Jr, Toad the Wet Sprocket–, pasando por el trash clásico de Anthrax o el ska punk de The Mighty Mighty Bosstones más alguna que otra sorpresa fuera de guion, como la curiosa versión instrumental de «Black Diamond», con arreglos orquestales a cargo del artista japonés Yoshiki Hayashi. El disco no calmó las ansias de nuevo material original por parte de los fans, pero sirvió de paliativo durante una época no especialmente productiva, en la que al parón doméstico en directo se sumaba una escasez de lanzamientos en estudio prácticamente inédita hasta aquel momento.

A finales de agosto la banda volvería a subirse a los escenarios en un *Kiss My Ass Tour* que transitaría septiembre por tierras sudamericanas y terminaría en enero de 1995 con cinco fechas más en Japón y seis más en Australia al mes siguiente.

Se aceptan peticiones

Fue precisamente durante esas fechas australianas, retituladas como *Kiss My Ass Downunder Tour*, cuando la banda inauguró las *Official KISS Konventions*, una serie de eventos organizados por el propio grupo uno de cuyos principales alicientes era un set acústico –un formato en el que sólo se habían explayado en contadísimas ocasiones, especialmente en radio y televisión– durante

el cual recogían peticiones de la audiencia. Para su sorpresa, no tardaron en darse cuenta de que muchos fans querían escuchar temas no habituales, en vez de los clásicos.

Así, cuando el *Konvention Tour* se inició en Estados Unidos en verano, la banda llevaba ya ensayados un buen puñado de temas muy poco escuchados en sus directos; temas como «Plaster Caster», «Room Service», «Larger Than Life», «A World Without Heroes», «Every time I Look At You», «Shandi», «Hide Your Heart», «Strange Ways» o «Just A Boy», entre muchos otros, para deleite y disfrute de sus incondicionales.

Cada concierto duraba unos ciento veinte minutos, y en la última media hora se entregaba un micrófono al público para que se hicieran peticiones o incluso quien quisiera pudiera cantar un tema… con KISS de acompañamiento. Si eso no es el sueño húmedo de cualquier fan de un grupo, poco le falta.

La gira incluía asimismo un museo itinerante que mostraba vestimenta, instrumentos y todo tipo de *memorabilia*, actuaciones de bandas tributo, mercadillos en los que se vendía e intercambiaba material de la banda y un turno de preguntas y respuestas a los propios miembros de KISS, seguido por una ronda de firmas de autógrafos antes de que los conciertos propiamente dichos empezaran.

El inusual formato de la gira supuso una experiencia única tanto para los fans como para los propios KISS, que casi por primera vez en su carrera veían rotas las habituales barreras entre ellos y su audiencia y disfrutaban de ello.

MTV Unplugged

Pero de todas las emociones que se vivieron en aquellas fechas, la más impactante tuvo lugar en la primera de todas ellas. El 17 de junio, fecha inaugural del *US Konvention Tour* en la ciudad de Burbank, California, Peter Criss apareció de repente sobre el escenario junto a sus antiguos compañeros e interpretó «Hard Luck Woman» y «Nothin' To Lose». Tras años de hostilidades y ninguneo entre los cuatro miembros originales, aquello parecía una declaración de paz, o al menos una tregua.

Por supuesto la actuación de Peter disparó los rumores que desde hacía tiempo circulaban por los mentideros del mundillo sobre una eventual reunión del cuarteto clásico. Algo que siempre se había considerado más allá de lo improbable, rozando lo imposible, pero que ahora… ¿quién sabe?

Y si lo de Burbank había supuesto un bombazo entre la comunidad KISS, pronto ocurriría algo que afianzaría la convicción de que en la rumorología había gran parte de verdad. El 9 de agosto KISS se sumaban a la larga lista de artistas que habían grabado desenchufados para la MTV en sus ya clásicos *Unplugged*, pero con la particularidad de que Gene y Paul habían contactado previamente con Peter y Ace para que estos se sumaran al término del *show*. Dicho y hecho, en la parte final del concierto Paul se dirigiría al público diciendo: «Vamos a hacer algo especial. Tenemos a algunos miembros de la familia aquí esta noche, y no me refiero a papá y mamá, ¡estamos hablando de Peter Criss y Ace Frehley!».

El gato y el hombre del espacio salieron a escena entre una gran ovación, mostrando una gran sintonía y buen rollo con Gene y Paul e interpretando «2.000 Man» y «Beth» antes de que Eric y Bruce volvieran a escena para unirse a ellos y terminar los seis juntos con «Nothin' to Lose» y «Rock and Roll All Nite» en lo que fue sin duda uno de los mejores y más emotivos momentos de la serie de acústicos de la MTV.

Rumores fundados

Lo del *Unplugged* fue sin duda una especie de epifanía para todos los «Kissmaníacos»; sus cuatro héroes reunidos de nuevo tras tantos años, actuando juntos –aunque fuera por unos instantes– y pareciendo disfrutar de ello. Como era de esperar, tras el *show* las especulaciones se dispararon de forma incontrolable durante semanas pero Gene y Paul, fieles a su sempiterno hermetismo en todo lo que hace referencia a los planes y decisiones de la banda, no dijeron esta boca es mía al respecto. Se sabía que estaban existiendo contactos

y conversaciones y que una reunión de los cuatro miembros originales era ya algo más que una remota posibilidad. Pero de puertas afuera, KISS seguían siendo Gene, Paul, Eric y Bruce.

Y con esa formación se metieron de nuevo en el estudio por primera vez en tres años para grabar un nuevo álbum entre noviembre de 1995 y febrero de 1996, un trabajo que pese a tener terminado y masterizado, listo para su edición, quedaría en el limbo durante un año y medio a causa de los acuerdos llegados para la reunión de marras.

En efecto, finalmente se había llegado a un acuerdo y la formación original de KISS estaba a punto de ofrecer un *comeback special* como no se veía desde los tiempos de Elvis. Para anunciar una noticia de tal envergadura, por supuesto, no se iba a ofrecer una aséptica rueda de prensa en las oficinas de la compañía ni nada por el estilo. Tenía que ser algo a lo grande, algo a lo KISS, y para ello escogieron nada menos que la ceremonia de entrega de los premios Grammy en su trigésimo octava edición. Celebrada el 28 de febrero en el Shrine Auditorium de Los Ángeles, el encargado de dar la primicia en medio de la entrega de premios fue el rapero Tupac Shakur que se dirigió a los asistentes con estas palabras: «Ya sabéis cómo suelen ser los Grammy, un montón de tipos trajeados, con buena planta. Todo el mundo parece cansado, no hay sorpresas. Estamos hartos de eso. Necesitamos algo diferente, algo nuevo, necesitamos impactar a la gente… ¡así que impactémosla!». Y a continuación aparecieron Gene, Paul, Ace y Peter maquillados y vestidos con los trajes de la época de *Love Gun*, recibidos con una salva de aplausos y vítores como no se veía en la ceremonia desde hacía años.

Una vez lograda la gran *rentrée*, el golpe de efecto que requería una ocasión tal, tocaba sellar la maniobra de modo, digamos, más oficial. Pero para KISS lo oficial y lo grandilocuente, lo desmesurado incluso, no sólo no son conceptos reñidos, sino prácticamente complementarios, por lo que la conferencia de prensa convocada para anunciar la reunión y el extenso *tour* que la seguiría –conducida por Conan O'Brien y retransmitida simultáneamente a cincuenta y ocho países– se celebró el 16 de abril a bordo del *USS Intrepid*, un portaviones de la Segunda Guerra Mundial anclado en el puerto de Nueva York. Una gran idea publicitaria que ciertas fuentes atribuyen al legendario relaciones públicas Ken Sunshine pero que Gene, en su autobiografía *Kiss and Make-Up*, se otorga en exclusiva, aduciendo que se le ocurrió puesto que su ex pareja Diana Ross ya había hecho algo semejante quince años antes. Fuera de quien fuera la iniciativa, lo cierto es que funcionó; la conferencia fue un éxito, la atención mediática recibida otro tanto, y la gira que seguiría, una jugada maestra.

Cuatro días después de la conferencia, el 20 de abril, las casi 40.000 entradas puestas a la venta para el *show* que iniciaría el *tour* el 28 de junio en Detroit se agotaron en menos de una hora.

KISS había regresado. Esta vez de verdad. Y el mundo les esperaba con los brazos abiertos.

¡HAN VUELTO!

La gran gira de reunión

El *Alive/Worldwide* Tour se inauguraría el 15 de junio, quince días antes de la fecha oficial de inicio, con un pequeño *show* de calentamiento en el Weenie Roast de la emisora KROQ-FM, teloneados por Red Hot Chili Peppers. Celebrado anualmente en Irvine, California, el concierto les sirvió para testar sensaciones antes de empezar la gira oficial, que como hemos señalado daría inicio en el Tiger Stadium de Detroit y visitaría los cinco continentes durante un año entero finalizando el 5 de julio de 1997 en un multitudinario *show* en el Finsbury Park de Londres, encabezando un cartel que incluyó también a L7, Rage Against the Machine, Skunk Anansie y Thunder.

Conscientes de lo que aquella gira significaba y lo que los fans esperaban de ella, el set list estuvo compuesto exclusivamente por temas de su etapa con maquillaje, y sólo uno —«Shandi»— no pertenecía a su repertorio de los setenta. Un retorno a las raíces en toda regla, que tuvo una aceptación extraordinaria y terminó con unos números que lo dicen todo: ciento noventa y dos conciertos, de los que ciento veintisiete fueron *sold out* –y al resto poco les faltó–, veinticuatro países visitados, setenta y siete teloneros distintos, un público total que pasó de los dos millones y medio de personas y unos ingresos estimados en cuarenta y tres millones de dólares. Un exitazo absoluto, con la banda desgranando un clásico tras otro y todos sus trucos escénicos técnicamente mejorados, con la adición de uno inédito en la segunda parte de la gira, diseñado especialmente para Paul y con el que llevaba tiempo fantaseando: al anunciar «Love Gun» el Starchild le preguntaba a la audiencia si podía ir allí con ellos. En aquel momento una especie de tirolina aparecía en escena y encaramándose a ella volaba por encima del público hasta una pequeña plataforma situada en medio del recinto, cerca de la mesa de sonido habitualmente, desde donde cantaba el tema antes de regresar del mismo modo al escenario principal.

Lo que no nos pase a nosotros

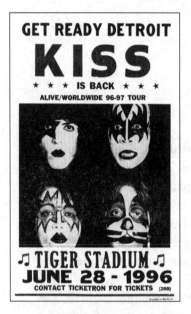

Como todas las giras hasta el momento, *Alive/ Worldwide Tour* estuvo también salpicado de momentos memorables, divertidas anécdotas y pequeñas calamidades. De hecho, el *show* de precalentamiento en Irvine estuvo a punto de acabar en desgracia cuando uno de los cohetes usados en la pirotecnia tomó rumbo por su cuenta y originó un pequeño incendio –no sería el primero ni el último–, que por suerte no pasó a mayores. Poco después, cuando llevaban poco más de un mes de gira durante un *show* en Cincinnati un fan les lanzó al escenario… ¡su pierna ortopédica! Acostumbrados a recibir todo tipo de cosas sobre las tablas, especialmente lencería femenina, aquello les chocó tanto que los cuatro firmaron la pierna en escena y se la devolvieron a su dueño.

En medio de un concierto en Las Cruces, Nuevo México, las cámaras enfocaron a un fan que se había maquillado la cara de manera que en vez de uno de los miembros de KISS, parecía una vaca lechera, tal cual. Cuando las cámaras lo enfocaron y la banda se percató empezaron a partirse de risa, teniendo que interrumpir el *show* unos instantes. Tampoco se lo pasaron mal los cuatro enmascarados (Gene sobre todo) el 19 de noviembre en Dallas, cuando de repente cuatro chicas de la primera fila empezaron a montárselo entre ellas, mientras que al poco otra fan se despelotó por completo y les lanzó toda su ropa al escenario. En esta ocasión las cámaras no ofrecieron las imágenes en pantalla, puesto que la familia política de Paul estaba entre el público y no era cuestión de que pensaran que su yerno era un tarambana.

Entre tanto cachondeo también hubo tiempo para momentos a lo Spinal Tap, como cuando ya en 1997, en Sydney, Ace y Paul se quedaron atrapados más de diez minutos en la plataforma elevadora sobre la que estaban tocando. Escacharrado el artilugio, se tuvo que retirar parte de la muralla de Marshalls para que este pudiera ser balanceado y permitir a nuestros atascados héroes saltar al suelo desde una altura de más de dos metros. Algo más serios fueron los incidentes en Utrecht, en junio de 1997, cuando las primeras filas de la audiencia empezaban a sufrir un serio aplastamiento por parte de la multitud. Tomando las riendas de la situación, la banda detuvo el concierto durante tres cuartos de hora mientras Paul se dirigía a la audiencia para que se calmaran y trataran de dar uno o dos pasos atrás.

Y entre tantas otras anécdotas que deben quedarse obligatoriamente en el tintero, no podemos olvidarnos de nuevo de los simpáticos fundamentalistas sureños y sus denodados esfuerzos para salvar a la humanidad de la plaga KISS. Antes del *show* que la banda debía ofrecer en Tupelo, Misisipí (lugar de nacimiento de El Rey, no lo olvidemos), se organizó un boicot para impedir el concierto; de hecho se llegó a rumorear que las asociaciones ultracristianas llegaron a ofrecerles trescientos de los grandes a cambio de cancelar el *show*. Obviamente KISS llegó, tocó y aprovechó para burlarse de los fanáticos desde el escenario, cuando Paul tomó el micro y dijo: «Sé que hay alguna gente que no nos quería hoy aquí. Quiero que todos hagamos un minuto de silencio para rezar por esas personas. Querido Dios, por favor, en tu infinita sabiduría ¡cuídanos y protégenos de los cretinos de ahí fuera, que no saben por qué estamos aquí!». Plegaria que el Altísimo, como fan de KISS que a buen seguro es, atendió con misericordia y diligencia celestiales.

Problemas en el paraíso

Pero por bien que estuviera yendo la gira, a nivel interno los viejos fantasmas fueron reapareciendo. En una entrevista concedida el año 2009 Ace recordaba por qué todo se fue al cuerno una vez más: «Empezó genial. Fue muy extraño porque llevábamos nuestros viejos trajes y no era tan distinto de las giras del pasado. Recuerdo un par de ocasiones en escena en la que me sentí como si hubiera viajado atrás en el tiempo. Fue raro. Pero conforme el *tour* avanzaba, las cosas se empezaron a poner feas. La gente empezó a decir las mismas cosas […], a hacer las mismas cosas que hacían por la época en que salí del grupo, a tomar decisiones sin consultarme. En origen se acordó que el espíritu era que íbamos a hacer esto juntos, y lo siguiente que supe es que no tenía voz ni voto en nada […]. No era como en los viejos tiempos. Básicamente cada uno iba a su bola, y simplemente ya no era divertido».

Ese «cada uno por su lado» hizo que Ace tampoco pudiera renovar su antigua complicidad con Peter, aquella que en los tiempos difíciles del pasado los había unido en su disipada conducta frente a las férreas normas impuestas por Dirección: «Con Peter no fue como solía ser. En realidad no me estaba permitido beber durante la gira. Era un negocio, una gran maquinaria. Tras meternos de lleno en el día a día del negocio, me acordé de por qué dejé a la banda».

El disgusto de Ace no le impidió, eso sí, seguir en el seno del grupo un tiempo más, ni que fuera prestando –en lo discográfico– su imagen más que sus habilidades. Al término de la mastodóntica gira de retorno, el siguiente paso obvio era ofrecer a los fans un nuevo disco en estudio con la formación original.

Carnaval grunge

A todo esto, ¿qué había ocurrido con Bruce Kulick y Eric Singer?, se preguntará más de uno. Pues nada que no fuera lo esperado una vez se llegó a un acuerdo con Peter y Ace: a la calle. Tal y como anunció Mercury Records en una nota de prensa en agosto de 1996, poco después de iniciado el *tour*, KISS les había rescindido los contratos. Gracias por todo, señores. Aquí tienen su finiquito, y no se olviden de recoger sus cosas y salir por la puerta de atrás. ¿Fue una separación problemática o traumática? En absoluto. Si ambos músicos –capacidades musicales aparte– habían hecho bandera de algo durante sus años en el grupo fue de profesionalidad y de saber estar. Jamás tuvieron la más mínima duda de cuál era su sitio, ni de quién mandaba allí, así que desde

antes ya de la actuación en el *Unplugged* –y aunque nada se había hecho público todavía–, sabían por boca de Gene que existían contactos para regresar a la formación original y al maquillaje, que había una oferta millonaria por medio y que eso los dejaba en fuera de juego; pronto tendrían que hacerse elegantemente a un lado. A un lado, pero no desaparecer del mapa porque como buenos hombres de negocios, Gene y Paul nunca dejaban de tener un par de ases en la manga por lo que pudiera salir mal, como pronto veremos.

De momento pero, volvamos al final de la gira y a los planes inmediatos, que pasaban por recuperar el disco que habían dejado inédito a principios de 1996. Grabado en los estudios Music Grinder de Hollywood, el hecho de dejarlo tanto tiempo en el tintero había acabado propiciando que se filtrara por internet y, por tanto, fueran apareciendo cada vez más *bootlegs*. Antes de que la cosa pasara a mayores, pues, Mercury decidió que había que publicarlo, y lo más pronto posible.

Visto en retrospectiva, casi hubiera sido mejor que hubieran seguido circulando las copias piratas y el disco oficial nunca hubiera visto la luz, porque menudo fiasco damas y caballeros. *Carnival of Souls: The Final Sessions*, editado finalmente en octubre de 1997, es uno de los puntos más bajos en su carrera, tanto por su flojo nivel compositivo como por su cochambroso intento de acercarse al grunge, un experimento tan contra natura como intentar cruzar un lémur con un puercoespín.

Acróbatas y psicópatas

Las críticas al nuevo trabajo fueron feroces, lógicamente, en los *charts* no pasó del puesto 27 del Billboard 200 y diez años más tarde se estimaba que había vendido 175.000 copias en Estados Unidos. Una miseria, vamos.

Con la parroquia todavía en las nubes tras la gira de reunión, la edición de *Carnival of Souls* supuso un batacazo moral colectivo, la constatación de que aquello que habían escuchado en los *bootlegs* no era un *fake* sino una estrambótica realidad. La nefasta respuesta cosechada ante la deriva estilística debía pues combatirse con prontitud, y para ello nada mejor que seguir apostando a caballo ganador.

¿Cómo? La idea estaba clara para todo el mundo: si la gira había sido un éxito, un nuevo disco de estudio con la misma formación no debería fallar. Pero el rock no son matemáticas y los sumandos no siempre dan el mismo resultado, especialmente si se llevan regular entre ellos. Y eso era KISS cuando a principios de 1998 entraron a grabar *Psycho Circus* a caballo entre los estudios A&M y los One on One Recording, ambos en Los Ángeles: una suma de personalidades cayendo de nuevo en el distanciamiento y la desconfianza mutua, las mismas lacras que los habían terminado separando diez años atrás.

Porque lo que era un hecho es que KISS ya no existía como banda en el momento de la grabación, no al menos como lo que se entiende por una banda mínimamente cohesionada. Según reveló Stanley en 2014 Ace y Peter intentaron renegociar los acuerdos para componer más canciones e incluir más material suyo en el álbum, pero tanto él como Gene se preguntaron sobre las demandas: «¿Por qué debían ser tratados como socios igualitarios? La banda había existido muchos años sin ellos». Una vez más, la irrefutable lógica empresarial pasaba por encima de cuestiones como la amistad, el compañerismo o la generosidad. Tampoco es que Ace y Peter fueran unos santos o incluso unos mártires, no nos engañemos. Trabajar con ellos en ciertas etapas no tuvo que ser fácil y menos para unos obsesos del control y la disciplina como Paul y Gene, pero digamos que ambos, especialmente Gene, nunca se mostraron muy comprensivos con las debilidades e imperfecciones humanas.

En aquel punto, si algo había demostrado la gira de reunión –aparte de resultar una maniobra lucrativa en extremo– es que segundas partes (casi) nunca fueron buenas. Seguro que hubo tanta ilusión por la indecente cantidad de dinero que iban a ganar como por el hecho de volver a tocar juntos, y seguro que todos lo disfrutaron en un principio, pero como esas reconciliaciones puntuales en matrimonios cuya chispa desapareció hace tiempo, estaba en cierto modo condenada al fracaso a medio plazo. Y en su fuero interno todos lo sabían, aunque trataran de alargar lo más posible el momento de la segunda –y muy posiblemente definitiva– despedida.

Lo curioso del caso es que pese a ser un disco compuesto y grabado con mucho personal ajeno a la banda, hecho de retazos entre distintos compositores y colaboraciones y sin una conciencia de grupo como tal, *Psycho Circus* resultó un trabajo bastante decente. No era muy difícil hacer algo mejor que *Carnival of Souls*, bien es cierto, pero sin ser un álbum redondo el nuevo disco

de KISS, editado en septiembre de 1998, se aguantaba por sí solo gracias al buen hacer tras los controles de un monstruo como Bruce Fairbairn y a unas canciones que devolvían cierto *punch* a su maltrecha credibilidad en estudio. Si a ello le sumamos el venderlo en su momento como un álbum de la formación original al completo y las ganas de los fans al respecto, no sorprende del todo que el disco subiera directo al puesto número tres en la lista de álbumes y que la canción que lo titula fuera nominada a los Grammy.

Una estrella en el suelo

El 31 de octubre se inauguraba el *Psycho Circus World Tour* en el estadio de los Dodgers de Los Ángeles con un *show* de Halloween que fue retransmitido simultáneamente por radio en todo el país, así como por *streaming* en internet, y se desplazaría desde Estados Unidos a Europa y Latinoamérica hasta abril de 1999. El repertorio estaba prácticamente compuesto por los mismos temas que el *Alive/Worldwide Tour* más tres del nuevo disco, algo que decepcionó y no poco a muchos fans, que esperaban que esta nueva gira con los cuatro miembros originales incluyera clásicos que fueron dejados fuera en aquella ocasión. El balance total de la gira en Estados Unidos –sin ser desastroso– no fue ni de lejos tan positivo como el de la anterior, y la prevista segunda parte norteamericana del *tour*, a celebrarse en verano, fue cancelada a la vez que se estudiaba la posibilidad de celebrar un *tour* de despedida coincidiendo con el cambio de siglo y de milenio.

Antes, empero, volverían a ser homenajeados por la industria. El 11 de agosto de 1999, coincidiendo con el vigésimo quinto aniversario de la edición de su álbum de debut, KISS conseguían su estrella en el suelo del mundialmente famoso Hollywood Walk of Fame, en el 7092 de Hollywood Boulevard, más concretamente; en la ceremonia Paul ofreció uno de sus clásicos discursos mezcla de rock star y político en campaña, diciendo que estaban muy contentos, que sin sus fans nunca lo hubieran conseguido, que aquella estrella les pertenecía a ellos más que a la banda y demás cháchara insustancial. Fue un bonito acto, en cualquier caso, para una más que merecida inclusión en la gran avenida angelina, moderna Babilonia atestada de oropeles y vanidad.

Con la fiebre del revival KISS todavía coleando, dos días más tarde se estrenaba *Detroit Rock City*, una película dirigida por Adam Rifkin y protagonizada entre otros por Edward Furlong, en la que cuatro chavales fans del grupo pasan por mil peripecias para tratar de conseguir entradas para ver a KISS en directo en la ciudad del motor en el año 1978.

SEGUNDO DIVORCIO

El concierto del milenio

Con el otoño llegó la impaciencia de algunos fans, que esperaban en vano una segunda vuelta norteamericana del *Psycho Circus Tour*, pues la fecha de inicio se había ido postergando y parecía que finalmente todo iba a quedar en agua de borrajas. En una entrevista celebrada en verano Ace, por su cuenta y riesgo, había declarado que sí que habría una gira en otoño, y que además sería de despedida. A Gene le faltó tiempo para saltar a la palestra a desmentirlo, en una prueba más de la fantástica sintonía existente en la banda. Le faltó terminar con un «no hagan caso a este hombre, no sabe lo que dice» para que el esperpento fuera completo.

Pero lo que sí hubo a finales de octubre fue la confirmación de que KISS iba a celebrar uno o dos conciertos en las fechas de Año Nuevo, el a esas alturas casi mítico ya Millennium Show.

De dicho concierto se llevaba hablando desde el inicio de la gira de reunión; los rumores apuntaban a que tenían planeado algo muy grande para celebrar el año 2000 y se apuntaban todo tipo de localizaciones a lo bestia: en la falda del Monte Fuji en Japón, a los pies de la Estatua de la Libertad en Ellis Island o incluso en la base aérea de Roswell, donde algunos aseguran que fue encontrado un platillo volante y un ser extraterrestre. Tratándose de KISS, cualquier idea loca y pasada de rosca era posible, por lo que el gatillazo fue considerable cuando finalmente se anunció que el concierto del 31 de diciembre de 1999 iba a celebrarse en un estadio de Vancouver con casi nada que lo diferenciase de un *show* más de la gira. Si acaso el tocar «2.000 Man» justo después de medianoche y que el repertorio incluyera canciones como «Lick It Up», «Heaven's on Fire» y «I Love It Loud», posteriores a la salida de la banda de Ace y Peter. Y poco más.

Unos días después, el 3 de enero concretamente, KISS tocaría en Anchorage, Alaska en su primera actuación por aquellas heladas tierras desde nada menos que 1974, en un *show* que tuvo que limitarse a lo básico en el aspecto escénico dado lo reducido de las dimensiones del Sullivan Arena, un recinto con capacidad para poco más de seis mil personas.

Gira de despedida

En marzo daría inicio la tercera gira desde que los cuatro habían vuelto a tocar juntos, elocuentemente bautizada como *Farewell Tour*, pero bajo la premisa de que sería la última. *A priori* tras su finalización, KISS se retiraban de los escenarios para siempre. *A priori*.

Lo que ya no tenía arreglo alguno era el progresivo deterioro de las relaciones entre ellos. Resulta curioso que Paul se refiriera a ello en términos muy parecidos a los de Ace, pero obviamente culpando a la parte contraria y añadiendo sus habituales comentarios despectivos y prepotentes: «Habíamos vuelto a reunirnos, habíamos traído a esos tíos los cuales llegaron pidiendo disculpas y completamente arrepentidos y agradecidos por estar de vuelta. […] Esos tíos ganaron la lotería dos veces. Cuando regresaron con nosotros, estaban casi arruinados. Y no pasó mucho tiempo antes de que volvieran a ocurrir las mismas cosas, y volvieran con los rollos de antes. Y todo se volvió feo, ya no era divertido».

Resentimiento, puyas y reproches cruzados, ese era el panorama desde hacía tiempo, y salir de gira iba a hacer de todo menos mejorarlo.

La desgana se instaló, los *shows* se resintieron –pese a que la venta de entradas no iba nada mal en esta ocasión– y los desplantes se sucedían. Ace llegando tarde a un *show* tras una semana de parón por perder todos los vuelos disponibles (pese a la férrea política de la banda en ese sentido), Peter pasando de salir a saludar con el resto al término de otro… y si no, cuando todo iba bien siempre se podía confiar en que la tecnología te arruinara la noche, como le ocurrió a Paul en el *show* de Anaheim, California, cuando los cables que le llevaban hasta la plataforma para cantar «Love Gun» se atascaron y lo dejaron colgado como un jamón en mitad

del recinto durante un buen rato hasta que pudieron remolcarle de vuelta al escenario.

A todo ello se sumaba la frustración, siempre según Paul y tal como relataba en su autobiografía *Face The Music: A Life Exposed* de que «musicalmente estábamos estancados, tocando las mismas diecisiete canciones que les habíamos enseñado para la gira de reunión. Esta era la tercera gira con el mismo repertorio».

Un panorama desalentador, en cualquier caso, que antes o después tenía que reventar, y lo hizo por el mismo costado de la vez anterior. El 7 de octubre, en North Charleston, última fecha de la gira norteamericana, Peter destrozaba su kit de batería al término del *show* ante los vítores de la audiencia. Pero lo que el público tomó como parte del espectáculo era una muestra visceral de frustración y cabreo tras lo que era su última actuación en la gira. El contrato que había firmado cuatro años atrás había expirado y no hubo manera de alcanzar un acuerdo para sellar su continuidad en la banda. Las culpas, como siempre, dependiendo del entrevistado.

En las fechas japonesas y australianas del tour, cerradas para marzo y abril de 2001, ya sería Eric Singer quien se sentara tras los tambores tras cinco años de ausencia en la banda, adoptando de paso el maquillaje del Catman con total naturalidad.

El adiós que no fue

Aunque duró casi un lustro, el fracaso de la reunión era un hecho. El buen rollo no había durado ni un año y todo lo que siguió después fue una lenta agonía que terminó del único modo que podía hacerlo.

Rascando un poco no cuesta encontrar razones de fondo para la falta de entendimiento entre los cuatro miembros de la banda, tanto antes como durante la primera gira. Ace, por ejemplo, recordaba cómo su hija Monique tenía un pequeño papel en *Detroit Rock City*, que fue eliminado del montaje final –según él– por culpa de Gene: «Sé que no fue un accidente. Gene había estado implicado en el proceso de montaje a diario. Recuerdo que al principio incluso me pasó cintas con escenas y finales alternativos, pero la escena de Monique siempre estuvo incluida. Sé que Gene seguramente estaba puteado conmigo por algo que habría hecho, pero ¿hacérmelo pagar haciendo daño a mi hija? Fue idea suya que apareciera, así que ¿qué cojones estaba haciendo? Nunca volví a mirarle del mismo modo. No podía caer más bajo en lo que a mí respecta, y este desaire en particular contribuyó en gran medida a que me fuera de KISS por segunda vez».

En principio la idea de retirarse tras terminar la gira seguía vigente, pero aunque quien más quien menos se olía que aquella supuesta despedida finalmente no iba a ser tal, en noviembre la banda editó una caja recopilatoria de toda su carrera en un gesto que sí parecía presagiar un adiós, al menos momentáneo. Titulada escuetamente *The Box Set* (mucho no se rompieron la cabeza), los cinco CD que contenían eran auténticas golosinas para los fans, cargados de *outtakes*, demos y temas en vivo de todas sus épocas, desde Wicked Lester hasta el Millennium Concert. Noventa y cuatro temas (treinta inéditos hasta aquel momento) y un libreto de ciento veinte páginas con las canciones comentadas por los cuatro miembros originales. La clase de artefacto que se lanza cuando un grupo está a punto de separarse, o al poco de hacerlo.

Y antes de terminar el año un nuevo acontecimiento parecía poner un broche más a la carrera de la banda. El 4 de diciembre KISS fueron unos de los homenajeados en la ceremonia Heroes Award de la National Academy of Recording Arts and Sciences, más conocida como The Recording Academy. Pistas de una eventual despedida que de momento no se concretaba. Ni iba a hacerlo.

En febrero de 2002 la banda seguía en activo y como tal fue invitada a actuar en la ceremonia de clausura de los Juegos Olímpicos de Invierno de Salt Lake City, en Utah. Esa sería la última vez que Ace actuaría en directo con la banda.

Cruce de reproches

Ni siquiera la marcha de Ace hizo que KISS renunciara ahora a su idea de seguir adelante. Con su habitual sentido práctico, sustituyeron a Ace por Tommy Thayer, miembro oficioso de la familia KISS desde años atrás, y a otra cosa… En marzo, menos de un mes después de lo de Salt Lake City, actuaron en un *show* privado en un resort de Trelawny, Jamaica; allí Tommy se presentó con el maquillaje y la vestimenta clásica de Ace, al igual que haría ese mismo mes durante una aparición en directo de la banda en un episodio de la sitcom *That '70s Show* o haciendo un playback de *Detroit Rock City* en abril para celebrar el cincuenta aniversario del programa American Bandstand, de Dick Clark.

La decisión de continuar con Singer y Thayer no creó tanta polémica (ambos, sobre todo Singer, eran viejos conocidos de los fans) como el hecho de que ambos se apropiaran de los personajes propiedad de Ace y Peter. Al respecto Paul le quitó importancia en su día argumentando que los dos habían decidido vender los derechos de su imagen como miembros de KISS, e incluso sugirió que no fueron muy hábiles en las negociaciones: «lo vendieron por, ya sabes, no mucho, porque no pensaron que valiera nada. Honestamente, siempre pensé que nuestra imagen y lo que representamos es algo que no tiene precio. A algunas personas no les importaba, a mí realmente sí me importa».

Pero si bien Frehley podría haber estado dispuesto a vender una parte de su pasado, según él fueron Gene y Paul quienes eran las «sucias putas putrefactas» de KISS, cuya «ansia de dinero superaba con creces cualquier sentido de equidad o lógica por su parte».

Ace retomaría entonces su carrera en solitario alejándose de las grandes giras y los grandes montajes, mientras que Gene y Paul ya tenían en mente su nuevo y singular proyecto: un disco en directo acompañados de una orquesta sinfónica.

Música, maestro

Hacerse acompañar en directo por una orquesta clásica era sin duda una idea atrevida pero en absoluto novedosa. Deep Purple con su *Concerto for Group and Orchestra* (1969), Procol Harum en *In Concert with the Edmonton Symphony Orchestra* (1972) o Rick Wakeman y su *Journey to the Centre of the Earth* (1974), por citar sólo algunos, ya se habían atrevido a ello, pero ¿encajaría la música de KISS en ese formato?

Para responder a esa pregunta se convocó una rueda de prensa en la que Gene, Paul y Peter (sí amigos, el Catman había vuelto a la banda momentáneamente, al parecer por ciertos flecos contractuales) explicaron el plan en el tono entusiástico que les ha sido siempre característico: «El resultado será nada menos que un boom sónico sinfónico», prometió Paul. «Beethoven y Mozart se levantarán bailando con los puños en alto mientras desatamos un espectáculo que tendrá tanto clásicos como música clásica [...], están ustedes cordialmente invitados a presenciar el impío matrimonio de la etiqueta con el cuero negro». Para tan magno evento se escogió a la Orquesta Sinfónica de Melbourne dirigida por David Campbell, quien también se encargó de los arreglos, en un concierto celebrado en el Telstra Dome de la ciudad australiana el 28 de febrero de 2003, grabado y editado en julio como *Kiss Symphony: Alive IV*. Esta fue además la primera referencia de la reciente *joint venture* entre el propio sello de la banda y Sanctuary Records.

Aerokiss

El siguiente paso a dar, tras unas pocas fechas en Japón en el mes de marzo, se comenta que fue una de las razones –una más– para que Ace, al conocerlo meses atrás, se hubiera largado por segunda vez. Culminando una idea largo tiempo acariciada, KISS y Aerosmith, dos de las más grandes bandas de hard rock norteamericanas, iban a llevar a cabo un *tour* conjunto en la segunda mitad de año. Aunque se pactó que ambas bandas iban a disponer del mismo tiempo en escena, el acuerdo especificaba que KISS tocarían en primer lugar y Ace, al parecer, dijo que él ni en broma iba a abrir para Aerosmith. ¡Genio y figura el viejo Spaceman!

El *Rocsimus Maximus Tour/World Domination Tour*, también conocido de forma coloquial como *AeroKiss Tour*, barrió el país de punta a punta y contó con momentos de lo más especial, como cuando en varios *shows* Joe Perry, el guitarra de Aerosmith, se unió a los cuatro enmascarados para interpretar «Strutter», o cuando también se les unió en escena nada menos que Ted Nugent en el concierto de Detroit. Algo que para muchas bandas es

KISS y Aerosmith, dos leyendas del rock americano

habitual, pero que en el caso de KISS marcaba un hito pues nadie hasta ese momento –excepto en conciertos excepcionales, fuera de gira– había sido invitado a tocar con ellos en directo.

La gira fue notoria también por la controversia suscitada con los precios. Primero porque obviamente el caché sumado de ambas bandas obligó a poner los precios a unas cifras que –por aquel entonces– no eran habituales.

Y por otro lado KISS presentó por primera vez los packs «platinum», el más caro de los cuales costaba mil dólares del ala e incluía un asiento en las cinco primeras filas, un *meet-and-greet* tras el *show* y una fotografía con la banda. Obviamente esta práctica, tan extendida en los últimos años, por aquel entonces se encontró con el rechazo de buena parte de los fans, que veían en ello tanto una discriminación hacia los seguidores de siempre que no podían acceder a pagar esa burrada, como un ejemplo bastante ruin de hasta dónde puede llevarte la codicia y la cicatería. Pero con un balance final de más de sesenta y cuatro millones de dólares al término del *tour* en diciembre, podéis apostar a que a Gene y Paul no les podría importar menos la polémica suscitada.

La ley de la selva

Marzo de 2004 trajo la noticia de que el contrato de Peter con la banda, que expiraba entonces, no fue renovado. Siendo la tercera vez que entraba y salía de la banda cabía preguntarse si la cosa no estaba adquiriendo tintes de comedia, pero resultó que esta vez sí fue la definitiva. Y si las formas ya hace tiempo que a nadie le importaban un bledo, a estas alturas del partido por supuesto aún menos. Peter dejó escrito en su página web que: «nadie, una vez más, nadie me ha llamado a mí ni a mi abogado sobre una extensión del contrato para futuras giras. Como miembro fundador, considero que esto es una falta de respeto hacia mí y hacia los fans que nos han convertido en una de las bandas más importantes del mundo». Pero Peter también sabía –y así lo confesó en una entrevista ese mismo año– que estaba próximo a cumplir los sesenta, y que Gene y Paul lo consideraban demasiado viejo para aguantar el ritmo de nuevas giras.

Toda la lógica en la ley de la selva, y más cuando ninguno de ellos era ya un chaval. Y si no que se lo cuenten a Paul, que durante el *Rock The Nation World Tour* que llevaron a cabo entre mayo y agosto vio su movilidad seriamente afectada por los problemas de cadera que llevaba tiempo –más o menos en secreto– acarreando. De hecho, tal como reconocía «hacia el final de la última gira estuve cojeando durante los *shows*. A pesar de las inyecciones y la adrenalina, estaba empeorando tanto que literalmente salir caminando era casi imposible».

Pero obviamente si eres el jefe nadie te tose, y menos te despide. Simplemente se pospuso cualquier plan de gira mientras el *Star Child* pasaba por el quirófano para que le reemplazaran la cadera, pero las cosas se torcieron: «El reemplazo de cadera es cirugía mayor, pero es bastante rutinario. El procedimiento ha cambiado tanto que básicamente te sometes a cirugía y estás caminando ese mismo día. […] Claramente, esta no fue una cirugía menor y la primera vez no funcionó bien y la cadera siguió retirándose o dislocando casi de inmediato. Así que en dos meses volví y me operaron de nuevo, lo que pareció solucionar un problema y provocar otros. La recuperación ha tomado más tiempo y ha sido más dolorosa de lo que esperaba».

Convaleciente

Como consecuencia de ello, tomaron la decisión de postergar *sine die* los planes para una próxima gira masiva y pasaron los siguientes cuatro años enfrascados en diferentes proyectos, pero alejados casi por entero de los escenarios.

En mayo de 2006 tocaron en Las Vegas, Nevada, en la ceremonia de los VH1 Rock Honors junto a Judas Priest, Def Leppard y lo que queda de Queen y en julio volvieron a Japón para cuatro fechas bautizadas como *Rising Sun Tour* antes de volver inmediatamente a Estados Unidos para dos *shows* en el Chumash Casino de Santa Ynez, California.

Octubre vio la edición del segundo disco en solitario de Paul, *Live to Win*, cuya promoción en directo se limitó a un breve *tour* por clubs del país. Con la ayuda de Marilyn Manson y el guitarrista de Rob Zombie John 5, y con Bruce Kulick colaborando con el bajo en tres canciones, Stanley entregó un disco en la línea que uno podía esperar, combinando su facilidad para las melodías pegadizas con una producción más contemporánea, más –digamos– pulida.

«Ya no estamos en 1978», le comentó a Billboard. «Ciertamente es la misma mentalidad, y realmente soy mejor cantante hoy día.
Mi perspectiva y el momento en el que estoy
en mi vida ahora mismo, más todo lo que he
experimentado y he visto, aporta algo más al
conjunto, algo que no estaba allí entonces.»

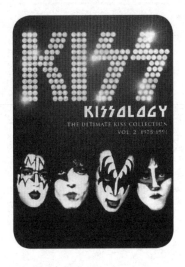

Ese mismo mes de octubre el grupo publicaría *Kissology Volume One: 1974-1977*, el
primero de lo que pretendía llegar a ser una
serie de diez sets de DVD que incluirían
conciertos completos de distintas épocas,
vídeos inéditos y entrevistas. Por el momento sólo dos entregas más – *Kissology Volume
Two: 1978-1991* y *Kissology Volume Three: 1992-2000* en agosto y diciembre
de 2007 respectivamente– han visto la luz, pero conociendo a la banda y su
capacidad para generar material susceptible de reportar ingresos, no sería de
extrañar que se llegara a los diez previstos e incluso se añadieran algunos más,
aunque sea de aquí a cien años.

El año 2007 por desgracia trajo de nuevo noticias luctuosas. En abril se
hacía pública la muerte de Mark St. John. La pista de Mark no es fácil de
seguir tras su infortunado paso por KISS; una banda de efímera trayectoria
llamada White Tiger, algunas colaboraciones con Peter Criss, un EP en 1999
y un álbum instrumental –*Magic Bullet Theory*– en 2003 más alguna aparición
ocasional en las Fan Conventions de KISS es casi todo el rastro que dejó hasta
que en 2006 tuvo un encontronazo con la ley por posesión de drogas y destrucción de pruebas que terminó con sus huesos en la cárcel. Pese a ser una
condena menor, mientras estaba entre rejas su sempiterna mala suerte le llevó
a sufrir una brutal paliza de la que se sospecha fue la causante de la hemorragia
cerebral que lo acabaría matando poco tiempo después, cuando ya estaba en
libertad. A pesar de que en su momento Paul y él no habían acabado de encajar
musicalmente hablando, al menos en el momento de su muerte el *Star Child*
tuvo la suficiente decencia para dedicarle unas honrosas palabras: «Mark in-
tentó de la mejor manera que pudo ser el guitarrista que KISS y nuestros fans
necesitaban para poder seguir adelante. Disfruté del trabajo que hicimos juntos en *Animalize* y estoy orgulloso de él, y sé cuánto deseó saltar al escenario
con nosotros. Fue comprensivo cuando supo que no podría ser, apoyó a Bruce
Kulick y fue todo un señor al saber que sus problemas le obligaban a terminar
su tiempo con nosotros».

HASTA QUE EL CUERPO AGUANTE

Estamos de aniversario

Las cosas tomarían otro rumbo a partir de 2008. Coincidiendo con el trigésimo quinto aniversario de la banda, el 30 de enero anunciaron el *Alive/35 World Tour*, con una primera etapa desde marzo hasta agosto en la que viajarían a Australia y Europa. Y empezando a lo grande, pues la primera fecha del tour sería cerrando el Gran Premio de Australia en el Circuito Grand Prix de Melbourne ¡ante más de ochenta mil fans! Y una semana después participarían en el Rock2Wgtn celebrado en Wellington, Nueva Zelanda, como cabezas de cartel del primer día, por encima de Alice Cooper. Los alumnos ya hacía mucho que habían aventajado al maestro, al menos en lo que se refiere a caché y capacidad de convocatoria.

La gira europea durante el verano, una de las más extensas de su historia, sería también una de las más exitosas (había hambre de KISS en el Viejo Continente, que no habían visitado desde 1999 con el *Psycho Circus Tour*), agotando entradas en estadios y tocando por primera vez en latitudes como Grecia, Bulgaria, Luxemburgo, Letonia o Rusia. Al mismo tiempo, encabezarían festivales como el Download en Donington, el Arrow Rock Festival de Nijmegen, el Kobetasonik en Bilbao o el Graspop Metal Meeting de Dessel.

Y para cerrar por todo lo alto la primera parte del *tour*, volvieron para cuatro fechas en casa la primera de las cuales, en el marco del Sturgis Bike

Rally de Dakota del Sur, tuvo una asistencia de cincuenta mil personas. Una auténtica fiesta que tuvo su perfecto colofón cuando el Gobernador del Estado, Mike Rounds, proclamó ese día, 4 de agosto, como el KISS Rock and Roll Day en Dakota del Sur.

La gira sufriría entonces un parón de siete meses antes de reanudarse con una segunda parte norteamericana, empezando con una pequeña manga en Sudamérica, tocando también por primera vez en países como Perú, Colombia o Venezuela, donde dejaron a la audiencia estupefacta al introducir fragmentos de «Guantanamera» y «Cucurrucucú Paloma» en uno de esos tan habituales casos de paternalismo yanqui que convierten involuntariamente lo bienintencionado en esperpéntico.

El *tour* en cualquier caso tuvo a su término un balance total de lo más positivo en todos los continentes, un éxito que Gene no se cortó un pelo en atribuir en parte a la excelente acogida de *Gene Simmons Family Jewels*, el reality que protagonizaba en TV.

Bombazo sónico

Pero antes de eso, a finales de 2008, KISS volverían a negarse a sí mismos. Tras años de declarar por activa y por pasiva que no tenían intención alguna de grabar un nuevo disco, en noviembre Paul y Gene hicieron público que había nuevo álbum en camino: «tenemos cuatro canciones grabadas. Si eres fan de nuestro material de por allá 1977, te sentirás como en casa». *Sonic Boom* se grabaría en los Conway Recording Studios de Hollywood entre mayo y agosto de 2009, justo en medio de la segunda parte del *Alive/35 World Tour* y se editaría en octubre, para recibir mayoritariamente críticas positivas y posicionarse en los charts directo al número dos del Billboard 200, el mejor puesto que jamás haya conseguido uno de sus discos, por encima del tercer puesto que consiguió *Psycho Circus* diez años atrás.

En mayo de 2010 se ponía en marcha el *Sonic Boom Over Europe Tour*, que incluía su primera gira por grandes recintos en el Reino Unido en más de una década, varios festivales de verano y un *show* en el Štadión Pasienky de Bratislava en lo que era la primera visita a Eslovaquia de toda su carrera. Pero la casualidad y la fatalidad quisieron que justo un día después del término de la gira Europea la desgracia los golpeara de nuevo: el 28 de junio Bill Aucoin fallecía a la edad de sesenta y seis años. En un breve comunicado la banda despidió al que era considerado por todos como el quinto miembro de KISS: «Bill Aucoin, nuestro irremplazable mánager original, mentor y querido amigo ha muerto por complicaciones en su batalla contra el cáncer

de próstata. Contribuyó decisivamente a guiarnos desde el principio y sin su visión, dirección e infinita dedicación, nunca habríamos podido escalar las alturas que hemos alcanzado». Ciertamente, le debían y siempre le deberán mucho, muchísimo a Bill. De hecho su nombre va tan unido a KISS como el de Brian Epstein a los Beatles o el de Peter Grant a Led Zeppelin; la clase de mánager que trasciende su habitual anonimato para convertirse en parte integrante y pública del artista al que representa.

Pero como siempre la maquinaria del *show business* no podía detenerse, así que tras los funerales de rigor había que volver a la carretera para iniciar el *tour* conocido como *The Hottest Show on Earth*, que básicamente era la continuación norteamericana de la gira europea finalizada un mes antes –el repertorio era idéntico– y que les llevaría por todo Estados Unidos y Canadá (con sendas paradas en Puerto Rico y México) hasta julio de 2011, con un parón de cinco meses en medio.

Para entonces ya llevaban un tiempo preparando un nuevo trabajo, un disco que según Gene «será el siguiente paso a *Sonic Boom*. Muy parecido: canciones de rock directo, sin baladas, sin teclados, sin nada, tan solo rock». Una austeridad que quisieron trasladar al modo de grabación, olvidándose de avances digitales y volviendo a los viejos equipos analógicos. De nuevo Simmons al aparato: «La tecnología es una zorra seductora, te seduce. Presionas este botón y ya no tienes que hacer nada. Pero lo analógico es el amor de tu vida. Puedes empujar realmente duro y siempre responde. Para el nuevo álbum, el proceso de grabación fue una cinta de 24 pistas y una vieja mesa Trident».

Negocios, negocios...

El nuevo trabajo quedaría un tiempo en barbecho, eso sí, mientras la banda abría una nueva línea de negocio con el primer KISS Kruise, un crucero por el Caribe en la estela de otros ya existentes que zarpó de Miami el 13 de octubre con dos anclajes en Las Bahamas (Half Moon Cay y Nassau) antes de regresar a Florida el día 17, tras cinco días de actuaciones en directo para más de dos mil quinientos pasajeros/fans que pudieron ver a la banda en directo con un *show* completo más otro acústico sin maquillaje, así como actuaciones de otras bandas como Bad City, The Envy o Skid Row. Una primera edición que tendría una continuidad anual hasta el día de hoy y por la que han pasado a lo largo de los años otros nombres como Vintage Trouble, Cheap Trick, Pat Travers Band, Steel Panther, Lita Ford, King's X o Enuff Z'Nuff más apariciones de ex miembros como Bob y Bruce Kulick... ¡y hasta Ace Frehley en la edición de 2018!

El 20 de marzo de 2012, el mismo día que aparecieron en Jimmy Kimmel Live!, un *late-night show* de la ABC tocando «Detroit Rock City» y «Calling Dr. Love», organizaron una conferencia de prensa en el Hollywood Roosevelt Hotel de L. A. para anunciar los detalles de una nueva gira de verano compartida con Mötley Crüe, descrita por Paul como «Elvis puesto de esteroides» pero a la que oficialmente llamaron *The Tour*. Una lástima porque la expresión de Paul tenía mucho más gancho como título. Al contrario que en la gira con Aerosmith, en esta ocasión KISS cerraba todos los *shows*, que empezarían el 20 de julio en Bristow, Virginia y se alargaría hasta el 1 de octubre, con dos conciertos finales en México D. F. y Monterrey. Una semana después, el día 9 concretamente, salía a la venta *Monster*, el álbum que hacía el número 20 en su producción de estudio y de cuyo sonido Gene aseguraba que era «como Santa Claus. Arriba y abajo, todo el mundo se acostumbra a esto y lo otro, y las cosas cambian, y la moda cambia, pero es bueno saber que Papá Noel siempre viene, y que no va a cambiar su atuendo y sabes lo que te va a traer: regalos. La consistencia del mensaje». *Monster* subiría al número 3 del Billboard 200 y se colaría en los Top 10 de una docena de países demostrando que aunque las cifras de ventas ya no alcanzaban cotas pasadas –la industria discográfica era ya un mundo completamente distinto y la música en soporte físico prácticamente una reliquia– KISS seguían generando el suficiente interés para despachar cerca de doscientas mil copias (en todo el mundo, por supuesto) sólo en la primera semana tras editar un disco.

Pese a no haber transcurrido más que un mes desde que la gira con Mötley Crüe había finalizado y pese a estar también recién desembarcados de la segunda edición del KISS Kruise, la locomotora sigue a todo trapo y el 7 de noviembre arrancaba el *Monster World Tour*, gira mundial que los llevaría durante un año –con diversas interrupciones– de Sudamérica a Europa, pasando por Asia y Oceanía y con el grueso de fechas, por supuesto, en Estados Unidos y Canadá.

2012 vería también a Paul y Gene incrementando su faceta de empresarios fuera de la música propiamente dicha. Primero como socios en la creación de una cadena de restaurantes llamada Rock & Brews, especializada en comida… bueno, comida para engordar, resumiendo, y segundo exprimiendo sus derechos de imagen en el KISS by Monster Mini Golf (una franquicia de centros recreativos) en Las Vegas. La instalación, actualmente ubicada en el Rio All Suite Hotel and Casino, cuenta –además del propio mini-golf– con una sala de vídeojuegos, una capilla de bodas llamada The Love It Loud Wedding Chapel, la tienda de regalos de KISS más grande del mundo y un museo con recuerdos de la carrera de la banda.

Pero a todas estas iniciativas faltaba sumarle la más ambiciosa. El 15 de agosto de 2013 se anunció que Gene Simmons y Paul Stanley –cuya afición al fútbol norteamericano siempre fue notoria–, su mánager Doc McGhee y el veterano de la liga Brett Bouchy habían comprado una parte de un equipo de expansión de la AFL (Arena Football League, que se juega en recintos cubiertos y con las dimensiones del campo reducidas) para empezar a jugar en 2014. De ese modo se convirtieron en dueños de Los Angeles KISS.

El Paseo de la Fama

Y para culminar el año, llegaría primero la nominación en octubre y posteriormente la confirmación en diciembre de que KISS iban a ser incluidos en el Rock and Roll Hall of Fame, algo que miles de sus fans exigían desde hacía quince años, cuando fueron nominados por primera vez. Por supuesto tratándose de KISS el merecimiento era indiscutible, tan fuera de toda duda como que se iba a destapar de nuevo la caja de los truenos, como pasa cada vez que Gene y Paul tienen que gestionar algo con sus antiguos camaradas.

A principios de año empezaron a sucederse las declaraciones y los comunicados. Peter y Ace por un lado, Gene y Paul por otro, en el ya clásico partido de dobles en el cual cada uno saca su versión y el oponente resta la contraria. Que si no nos dejan tocar, que si van a tocar con los miembros actuales de la banda, no es verdad, sí que los íbamos a dejar tocar y blablablá *ad nauseam*. Finalmente, decisión más o menos salomónica: no actuarían en directo con ninguna formación y en la entrega sólo subirían al estrado los cuatro miembros originales.

Y así fue. El día 10 de abril de 2014 KISS entraba en el Rock and Roll Hall of Fame con una gran ceremonia en el Barclays Center de Brooklyn, presentados por el guitarrista de Rage Against The Machine, Tom Morello con un discurso que posiblemente firmaría cualquier fan de la banda: «Cuando era un chaval, KISS se convirtió en mi banda favorita, y no era fácil ser fan de KISS. Así como ellos fueron perseguidos implacablemente por los críticos, sus fanáticos fueron perseguidos implacablemente por los autoproclamados árbitros del buen gusto en las escuelas secundarias de Estados Unidos. Las discusiones e incluso las peleas a puñetazos no eran infrecuentes. […] Porque KISS nunca fue una banda para los críticos, KISS era una banda para la gente. Así que esperé en una larga cola en una fría mañana de Chicago para comprar una entrada para mi primer concierto, un concierto de KISS. Estaba especialmente emocionado porque en el *ticket* estaban impresas palabras que insinuaban que iba a ser un evento especial. Decía «Una visión parcial de KISS». Estaba convencido de que eso significaba que la banda iba a revelar un nuevo rincón secreto de sus almas artísticas. En realidad, lo que significaba es que mi asiento estaba detrás de una columna. Aun así, ese concierto fueron las dos horas de música en vivo más emocionantes, catárticas, ruidosas y emocionantes que he vivido hasta el día de hoy».

Los discursos de los cuatro ases soslayaron toda la polémica previa tanto entre ellos como en referencia al propio Hall of Fame, al que hacía poco Paul había tildado de farsa, y se comportaron como Dios manda en tono conciliador, amistoso incluso, declarándose respeto y acordándose de aquellos otros miembros de la familia, como hizo Gene al terminar su turno: «Quiero decir algunas palabras con cariño para Eric Carr y Mark St. John, que en paz descansen. Vinnie Vincent, el gran Bruce Kulick, y por supuesto, aquí estamos cuarenta años después con los grandes Eric Singer y Tommy Thayer, y seguimos adelante. Sin embargo, hoy no estaríamos aquí sin los primeros cuatro fantásticos. Dios os bendiga a todos».

Cuatro décadas en activo

Ese mismo mes de abril, KISS aparecería por primera vez en toda su carrera en la edición norteamericana de la revista *Rolling Stone*, en su número 1206. Entre tanta firma, homenajes, ventas y contratos cuesta creer que sacaran tiempo para organizar otra gira, pero si algo jamás se le ha podido reprochar a KISS es falta de oportunidades para verlos en directo, y menos en un año en el que se cumplía su cuarenta aniversario, algo de lo que no tantos grupos pueden presumir.

El *40th Anniversary World Tour* llevaría a la banda por enésima vez de un confín al otro del globo, con noventa y tres *shows* entre junio de 2014 y octubre de 2015, pero con una primera manga de cuarenta y dos conciertos muy especial, compartiendo cartel con las leyendas del hard británico Def Leppard. La idea de una gira conjunta entre ambas bandas había surgido unos tres años atrás, cuando Gene y el cantante de los Leppard, Joe Elliott, habían coincidido en un proyecto llamado Rock'n'Roll All Stars junto a Sebastian Bach, Billy Duffy, Mike Inez y miembros de Guns N'Roses y del grupo de Billy Idol. Durante aquellos conciertos ambos habían entablado una buena amistad compartiendo anécdotas y vivencias de cada una de sus bandas, así que al término de la gira la posibilidad de volver a la carretera juntos quedó en el aire, y ahora se hacía realidad.

El 28 de febrero de 2015, aprovechando las cinco fechas de la gira programadas en Japón, lanzaron un single de colaboración con el grupo femenino Momoiro Clover Z, titulado «Yume No Ukiyo ni Saite Mi Na», un tema –un puro divertimento y poco más– que desde luego no va a pasar a los anales de la Historia del Rock, ni tan sólo a la suya propia por su calidad pero sí tal vez por ser la primera vez que KISS publicaría un disco en colaboración con otro artista. Lanzado físicamente en dos versiones –*Momoiro Clover Z Edition* (en CD y Blu-ray) y *Kiss Edition* (sólo en CD)–, resultó un exitazo en el país del Sol Naciente, llegando a ser número uno en las listas diarias de singles.

Un nuevo récord sería batido en septiembre de ese año, cuando la RIAA (Recording Industry Association of America, responsable de la certificación de ventas discográficas en Estados Unidos) anunció que KISS había conseguido más discos de oro que cualquier otra banda estadounidense en los sesenta y tres años de historia de la asociación con un total de treinta álbumes de oro, incluidos los cuatro solo álbumes de 1978.

Tras un periodo de descanso terminada la gira del cuarenta aniversario, volverán a la carretera en verano de 2016 con una propuesta cuanto menos singular: una gira por mercados secundarios o lo que es lo mismo, visitando aquellas ciudades que normalmente quedan fuera del circuito habitual de los grandes eventos. Con la mayoría de las fechas en julio y agosto pero finalizando en noviembre, de los cuarenta *shows* que conformaron el *Freedom to Rock Tour*, veinticinco fueron en lugares en los que no habían estado en más de una década, y en cuatro de ellos nunca lo habían hecho.

Y ahora, el futuro

Sin tomarse mucho tiempo de descanso, sin planes para un nuevo disco y en cierto modo conscientes de que por una pura cuestión de edad cada nueva gira puede ser la última, KISS volverán a la carretera en el *Kissworld Tour 17-18*, en esta ocasión recuperando la imagen de la época de *Creatures of the Night* que habían presentado en la sexta edición del KISS Kruise. Espaciando las fechas, exprimiendo el invento y llevando de nuevo sus canciones y su espectáculo por medio mundo, el futuro para la banda más caliente del planeta se muestra un tanto incierto. ¿Hasta cuándo podrán los fans disfrutar viéndolos sobre un escenario? ¿Llegara un día en que un concierto de KISS sea el último de verdad?

A principios de 2018 algunas pistas se han revelado al respecto. El 8 de febrero KISS Catalog Ltd., encargada de los derechos de propiedad intelectual de KISS presentó una solicitud ante la Oficina de Patentes y Marcas Comerciales de los Estados Unidos para la marca «The End of the Road». Una noticia que ha llevado a la especulación de que podrían estar preparándose para embarcarse en su gira final. Una gira finalmente confirmada en septiembre y que bajo el nombre *One Last Kiss: End of The Road World Tour* llevará a la banda por todo el mundo durante tres años a partir de 2019 en lo que ahora sí se estima como la gira final de KISS.

Gene declaró recientemente que no se veía muchos años más cargando con todo el equipo que lleva en escena: «en retrospectiva, hubiera sido más inteligente ser como U2 o los Stones, usar unas deportivas y una camiseta y estar cómodo. Pero no, tuvimos que hacerlo de la manera más difícil. No creo que podamos llegar a los setenta, y ahora tengo sesenta y siete. Lo haremos por unos años más, y cuando creamos que es hora de irnos, nos iremos, y lo haremos de la manera correcta, con una gran fiesta. Me gustaría pensar que haremos algo que sacudirá el planeta entero, algo grande a nivel mundial y tal vez gratis».

Sí, queridos lectores, han leído bien. Les ha costado muchas páginas, hasta prácticamente el último párrafo pero sí, Gene ha pronunciado la palabra *gratis*. Tómense su tiempo para asimilarlo.

Y tómense su tiempo también para asimilar las últimas declaraciones de Paul en las que deja la puerta abierta a unos KISS del futuro, ya sin él y Gene en la banda: «Una vez que la formación original dejó de existir, nos quedó claro que, de alguna manera, somos como un equipo deportivo. No caemos en las limitaciones de otras bandas, porque no somos otras bandas. Y sí, en algún momento, me encantaría ver a alguien en la banda en mi lugar, porque amo este grupo. [...] Hemos construido algo que es tan icónico, que creo que trasciende a cualquiera de los miembros, así que ciertamente puedo verme no estando allí, en serio».

Así que ya lo saben queridos KISSmaníacos. Ninguna puerta se cierra, todas las posibilidades están sobre la mesa y ello incluye, a unos años vista, unos KISS sin ninguno de los miembros originales.

Visto en conjunto y con cierta perspectiva, imaginar a Paul y Gene jubilados, tumbados en las piscinas de sus mansiones y recibiendo los cheques por derechos de imagen y *royalties* de unas futuras giras protagonizadas por un equipo de asalariados, tiene mucho más sentido de lo que podría parecer.

De hecho sería la última gran jugada maestra de este par de maravillosos y entrañables hijos de puta.

¡¡¡Larga vida a KISS!!!

3.
TODO LO QUE USTED SIEMPRE QUISO SABER SOBRE KISS PERO NO SE ATREVIÓ A PREGUNTAR

SUPERHÉROES ELÉCTRICOS: ROPA Y MAQUILLAJE COMO BASE DEL ALTER EGO

La iconografía clásica de KISS viene dada obviamente por la imagen –maquillaje y vestimenta– que los cuatro miembros originales usaron para crear sus propios personajes, ocultando a la persona y el músico bajo una personalidad ficticia y fantástica. Pero evidentemente ello no nació por ciencia infusa, sino que fue el resultado de un plan pensado y ejecutado con precisión. Una de las cosas que más admiraban Gene y Paul de sus coetáneos y paisanos New York Dolls es que «todos tenían el aspecto de pertenecer a la misma banda. Era un concepto muy conciso». Tomando en cierto modo a la banda de Thunders y Johansen como espejo en el que reflejarse, sus primeros intentos no llegaron a buen puerto. Tal como recuerda Gene «a finales del 72 ensayábamos con maquillaje y parecíamos los Hello People. Usábamos pintura de mimo, yo llevaba un traje de marinero y Paul una chaqueta de su madre. No teníamos ni idea de para dónde tirar». Hasta que una noche fueron a ver a los Dolls en directo y decidieron dejar atrás los colores, e ir en dirección opuesta.

De ese modo, centrándose en el negro y fijando su mirada en las máscaras kabuki del teatro tradicional japonés, tanto Gene, Paul, Ace y Peter como –posteriormente y a mucha menor escala– Vinnie Vincent y Eric Carr consiguieron con su maquillaje y sus atuendos transmitir con éxito lo que finalmente habían decidido; esto es, partiendo de unos referentes muy reco-

nocibles (cómics de superhéroes, films fantásticos y de terror y ciencia ficción de serie b) crear una imagen unitaria como grupo basada, paradójicamente, en cuatro personalidades completamente distintas.

Dejando fuera de la ecuación a Mark St. John y Bruce Kulick por motivos obvios, y a la versión 2.0 del Catman y el Spaceman a cargo de Eric Singer y Tommy Thayer, repasemos el origen, la inspiración y la evolución de esos personajes, hoy ya pura leyenda del rock and roll.

Gene Simmons, The Demon

Al igual que sus compañeros, Gene hizo diversas pruebas con su imagen durante un tiempo, pero casi desde el principio se centró en conseguir una apariencia demoníaca, inspirado no sólo en el segmento *Night on Bald Mountain* del film *Fantasia* de Disney, sino también en el traje de Black Bolt, el líder de los Inhumanos en la Marvel. Así nacieron esa especie de alas negras que cubren sus ojos, combinadas con su pelo recogido en un moño erecto en lo alto de la cabeza, reminiscencias de su pasión adolescente por los dinosaurios en general y los pterodáctilos en particular. Desde la base del cabello y bajando por la frente, ideó igualmente una forma triangular negra, no muy distinta al peinado de Bela Lugosi en la película original de Drácula. Una lengua anormalmente larga, exhibida como la de un reptil cada dos por tres, completaba un maquillaje para el que había que buscar ropajes que combinaran. Y tal como su maquillaje y el de sus compañeros, aún ya establecido como marca de fábrica, iría experimentando ligeras variaciones, con la indumentaria ocurrirían tres cuartos de lo mismo, pero siempre dentro de unas pautas identificativas.

Gene era The Demon, el monstruo del grupo. El tipo que vomitaba sangre y escupía fuego, y su vestimenta debía ser igualmente siniestra y amenazante, pero para hacer un seguimiento de sus modelitos necesitaríamos un catálogo anexo a este libro. Resumámoslos pues en una serie de características básicas: cuero y mallas como fondo de armario, botas de plataforma muchas veces con motivos monstruosos, cadenas y cinturones con cojonera accesoria, tachuelas para parar un tren, corazas y armaduras estilo dragones y mazmorras, cotas de malla, alas de murciélago al extender los brazos y pinchos, colmillos y cuernos pegados por todas partes. No todo junto, aunque a veces casi. Le añadimos un bajo en forma de hacha y listo para ir a la ópera.

Obviamente de esa guisa, Gene siempre ha sido el personaje más extremo del grupo en ese sentido y por ende, el que más sufrió las consecuencias cuando decidieron desmaquillarse. Con la cara lavada y sin todo ese arsenal encima, tenía que limitarse en escena a sacar la lengua y tratar –sin mucho éxito, la verdad– de que sus miradas fueran tan aterradoras como antaño.

Paul Stanley, The Starchild

«Una vez traté de pintarme toda la cara de rojo. Parecía un tomate con melenas», reconoció en cierta ocasión Paul. Pero tras unos pocos e infructuosos intentos como el citado, tuvo claro que si tenía que poner algo sobre su cara (aparte del trasero de cientos de señoritas), ese algo iba a ser una estrella: «cada uno de nosotros llevaba algo que reflejaba su carácter. Yo siempre he adorado las estrellas y me he identificado con ellas». Decidido pues, se pue-

den ver borradores del proyecto definitivo en fotos de directo tomadas en The Daisy ya en 1973, con la estrella sobre su ojo derecho. No obstante poco después Paul experimentó con otro maquillaje, pintándose un antifaz a lo Llanero Solitario y cambiando su personaje por The Bandit, algo que duró apenas dos sesiones de fotos y otros tantos bolos antes de volver al diseño estrellado original, tan sencillo y efectivo que apenas ha mostrado variaciones a lo largo de las décadas.

En lo referente a la vestimenta, curiosamente su desmadre vino más en la época sin maquillaje que en la clásica de los setenta. Cierto que en la primera etapa de la banda no es que fuera vestido de oficinista, pero aun con los distintos modelos usados según gira y etapa, hasta *Alive II* Paul se ataviaba con modelos más bien sencillos, comparados con los de sus compadres. Mallas ajustadísimas y botas de plataforma de palmo con estrellas impresas, eso por supuesto. Pero o bien iba con el torso desnudo o con, como mucho, un ortopédico cinturón de palmo como los que venden en las tiendas de souvenirs de Asgaard. Con el tiempo se especializó en monos igualmente atiborrados de estrellas con la parte frontal abierta (de cintura para arriba, se entiende) mostrando una pelambrera pectoral que haría desfallecer a toda una generación de metrosexuales depilados. Un aspecto entre lo machote y lo andrógino a lo que se sumaban sus bailes y saltos en escena, tan acrobáticos como muchas veces en extremo amanerados, provocando un potente contraste con los movimientos pretendidamente torpes y sincopados de Gene. A partir de *Dinasty* empezó a añadir más complementos y sobre todo colorido a sus ropajes, llegando a mediados de los ochenta a extremos absolutamente demenciales. Cualquier fan que haya visto los vídeos de «Who Wants To Be Lonely» o «Tears Are Falling» sabrá de lo que estamos hablando.

Ace Frehley, The Spaceman

Ace siempre se ha reconocido fan de las películas de ciencia ficción de los años cincuenta, citando más de una vez títulos clásicos de la serie B como *The Day the Earth Stood Still*, *Forbidden Planet*, *This Silent Earth* o *Invaders from Mars* entre sus favoritos. «Siempre me fascinaron la ciencia ficción y los viajes interestelares, (mi personaje) fue una extensión natural de mi personalidad. Ya sabes, Gene estaba fascinado con las películas de terror y se convirtió en el monstruo, etcétera. Cada personaje que creamos era básicamente un *alter ego* de nosotros mismos», comentaba en una entrevista para *Newsweek* en 2016. Con esa idea en mente, Ace no tardó en convertirse en Space Ace primero y poco más tarde y ya definitivamente en The Spaceman, declarándose oriundo del planeta Jendell y escogiendo un maquillaje que mezclaba el blanco como fondo con los labios negros y un diseño plateado –un color relacionado popularmente con todo lo espacial– alrededor de los ojos. Al igual que en el caso de Paul, su máscara se mantuvo prácticamente idéntica a lo largo de los años, con muy escasas variaciones, casi todas ellas en el color de párpados y pestañas.

Su vestimenta a lo largo de los años setenta, aunque con un primer modelo decorado con rayos en torso y piernas que no estaba nada mal, experimentó una evolución ciertamente a mejor. Siendo el más flaco de los cuatro, la especie de pijama negro ajustadísimo que lucía en 1974, combinado con un cinturón y una estrambótica pechera triangular recién salida de clase de plástica no daban

demasiado el pego. Pero a partir de 1975 empezó a usar unos complementos más trabajados. Primero añadiendo pedrería de diversos tamaños a sus chaquetas y pantalones e incorporando unos discos sobre los hombros que acabarían siendo unas grandes hombreras; más tarde con un chaleco cruzado de color plata y unas botas (de plataforma, no hace falta decirlo) y muñequeras a juego hasta llegar en la época de *Dinasty* a un modelo exuberante y trabajadísimo, capa de satén extralarga incluida. Si en los KISS originales Gene era la oscuridad y Paul el glamour, sin duda Ace se erigió en la elegancia… siempre haciendo una abstracción, claro.

Peter Criss, The Catman

En su autobiografía *Make Up to Breakup*, Peter relata con precisión y sorprendente buena memoria cómo le vino a la cabeza la idea de su personaje dentro
de KISS, una noche a principios de 1973, mientras estaba en casa: «estaba
haciendo unos bosquejos y fumándome un canuto cuando me empezó a hacer
efecto y me quedé mirando al gato negro de mi mujer, al que llamábamos *Ma-
teus*. Me di cuenta de que ambos compartíamos muchos rasgos de personalidad. Los dos éramos salvajes, independientes, agresivos, poderosos… pero a
la vez dulces, amables y cariñosos. Me encantan los gatos. Creo que son los
animales más místicos y misteriosos del planeta. O te adoran o te arrancan los
ojos. Y, al igual que yo, tienen nueve vidas».

La revelación fue instantánea, su personaje iba a ser un gato y su maquillaje debía tener la nariz, cejas y bigotes característicos de los felinos. Como
el resto de la banda, pasó por una fase de pruebas hasta dar con el dibujo
definitivo, y también como ellos experimentó una suerte de transformación,
una identificación total con su nueva identidad. Ya no era Peter Criscuola, el
chaval de Brooklyn, ahora era un superhéroe, el más icónico de los gatos sen-
tado ahí arriba tras su batería, acechando su presa. «Me sentía más alto, mis
brazos más fuertes. Realmente me transformaba en una central de energía.
Quería golpear mis tambores más y más fuerte».

Como todos los baterías siempre en segundo plano, Peter no tenía muchas ocasiones de lucir sus modelitos en escena, pero en cualquier caso su *look*
siempre se caracterizó por una cierta comodidad. Pantalones de cuero con
aberturas laterales dejando ver cacha y chalecos de piel con el 3, su número
de la suerte, grabado en la espalda en tonos negros o plateados. Por la época

de *Love Gun* solía llevar también sobre el chaleco dos cananas cruzadas que simulaban cinturones de balas. Algún que otro mono negro con decoraciones o abierto al estilo de Paul, pero sin lucir el Mato Grosso de aquel. Zapatos con poca plataforma para los directos, sempiternos guantes de diseños parecidos y un no menos habitual crucifijo de considerable tamaño colgando del cuello. A Dios rogando y con las baquetas dando.

Eric Carr, The Fox

Music From «The Elder» trajo de vuelta a Bob Ezrin junto a un nuevo batería, Eric Carr, el cual había reemplazado a Peter en mayo de 1980 justo antes de su único *show* en Estados Unidos, en el Palladium de Nueva York, en la gira de *Unmasked*.

Con la banda todavía maquillada, había que encontrar un personaje para Eric, pero los primeros intentos de dotarle de una nueva identidad resultaron entre fallidos y catastróficos. A instancias del *management*, el nuevo batería iba a convertirse en The Hawk. Pero el efecto final no coincidió del todo con la idea que tenían en mente. «Me vi a mí mismo como Chicken Man, parecía un pollo gigante», recordaba Eric tiempo después. Existen unas pocas fotografías con Eric maquillado de tal guisa, absolutamente gloriosas; pero descartada la idea de añadir un personaje de Barrio Sésamo al concepto de KISS, finalmente a Eric se le ocurrió su propia personalidad: The Fox. Según la leyenda, sobre la campana, para poder viajar a Europa en agosto y empezar la gira con un maquillaje decente, y es que el maquillaje de zorro (básicamente una nariz flanqueada en negro cubriendo los ojos, combinada con base blanca y los labios oscuros) no era muy espectacular pero sí lo suficiente para encajar con el resto.

En cuanto a la ropa, desde un primer momento acostumbró a vestir un leotardo negro abierto por delante, con diamantes de imitación a lo largo de los bordes y por los lados y una chaqueta de cuero roja con abundante pelaje naranja en los hombros, simulando una piel de zorro.

Eric también solía llevar las obligadas botas de plataforma, un par de guantes negros con pedrería blanca y un cinturón tachonado con una hebilla con forma de cabeza de zorro.

Vinnie Vincent, The Ankh Warrior

A Vinnie Vincent hubo que buscarle un personaje con cierta premura, y fue Paul el que lo hizo, adecuándolo al tema místico de sus ya decididos ropajes. Se trataba de un anj dorado (una antigua cruz egipcia) que bajaba a través de la frente de Vinnie y por el puente de su nariz. Maquillaje negro alrededor de los ojos y en los labios completaban el personaje más efímero en la historia de KISS, si no contamos a Eric el Pollo y Paul el Bandido, claro.

Vinnie usó por última vez maquillaje en los *shows* de la banda en Brasil en 1983. ¿Por última vez, hemos dicho? Tal vez de forma oficial sí, pero en marzo de 1996 el amigo Vinnie se volvió a pintar la cara para asistir a dos KISS-Expos no oficiales, una en Atlanta y la otra en Estocolmo, donde además hizo una actuación al frente de una banda tributo. Obviamente, en cuanto Gene y Paul se enteraron activaron todas las alarmas y sirenas, llamaron a tres batallones de abogados y debieron amenazarle con una multa tan espectacular que Vinnie no volvió a ponerse en la cara ni loción para el afeitado.

The Ankh Warrior no estuvo con la banda el tiempo suficiente para cambiar mucho de ropas. La única vestimenta que usó era un leotardo negro con ribetes plateados y una media luna de plata (aunque tal vez simbolizara un eclipse de sol) bordada en el muslo izquierdo, y un chaleco de cuero con tachuelas. Una ancha gargantilla con engarces y el colgante de un anj completaban el *outfit*.

QUERÍAIS LO MEJOR: TRUCOS ESCÉNICOS Y LOS SHOWS GIRA POR GIRA

Más allá del maquillaje y el vestuario como señas de identidad, tanto KISS como Bill Aucoin y su equipo tuvieron muy claro desde el principio que su directo tenía que ir ligado de una forma u otra al concepto de espectáculo. Esto es, incluir una serie de números en forma de trucos escénicos que reforzaran su imagen y potenciaran la música. Arte y entretenimiento, rock y diversión. El shock rock de Alice Cooper marcaba el camino, y con la teatralidad como punto de partida, lo que se buscaba era ir varios pasos más allá. Convertir el escenario, en definitiva, en el quinto miembro del grupo.

1974-75, la génesis de un concepto

Con el paso de los años y las giras, la escenografía fue aumentando y mutando, pero con la excepción de sus primeros conciertos en clubs, en los que por logística y presupuesto no pudieron llevarlos a cabo, la mayoría de sus clásicos números en escena ya estuvieron presentes en su primer *tour*. De hecho, para las tres primeras giras en el periodo 74-75 KISS mantuvo unas pautas de directo más o menos constantes, muchas de las cuales han conservado intactas –o con muy leves variaciones– a lo largo de toda su carrera.

Tras su debut oficial en directo en el fin de año de 1973, el escenario era bastante estándar, con dos murallas de amplis la mitad de los cuales eran falsos. Puro cartón piedra para simular más poderío en decibelios y disimular la falta de pasta. Pero en los primeros meses de 1974 la telaraña hecha de cadenas que decoraba la parte de atrás de la batería se suprimió para dejar paso por primera vez al logo de la banda, compuesto por 164 bombillas que variaban de intensidad durante el *show*. También por aquel entonces solían tener en escena, detrás de Gene, un candelabro de siete brazos cuyas velas aportaban el toque gótico necesario para acompañar a The Demon.

A principios de 1975 tanto el logo como el candelabro seguían ahí (el logo ya nunca desaparecería), pero los amplis ahora sí eran todos de verdad. Los conciertos empezaban ya con la clásica intro *you wanted the best, you got the best*, tras lo cual una serie de fogonazos y estallidos acompañaban el inicio de «Deuce», al tiempo que el logo emergía tras Peter y empezaba a parpadear. La siguiente *performance* llegaba con «Firehouse», que Paul se encargaba de presentar tocado con un clásico casco de bombero. Durante el tema, una sirena instalada en el escenario empezaba a sonar y girar emitiendo luz roja: era el momento de Gene. Saliendo de escena unos instantes, llenaba su boca de queroseno y, tomando una antorcha prendida por un *roadie*, volvía al frente para ejecutar su número de escupefuegos. Un truco que con el tiempo llegó a dominar pero que en sus primeras actuaciones le acarreó más de un susto. De hecho, la primera vez que lo hizo, en el *show* de la Academy of Music, la cosa casi acaba en desastre cuando la bola de fuego prendió en su pelo y tuvo que salir Sean Delaney a apagarlo. Un incidente que se repetiría unas cuantas veces más en los setenta, hasta que finalmente le pilló el tranquillo al asunto.

Ace cobraba su parte de protagonismo durante el solo de «She» con un efecto estrenado durante la gira por Canadá: la guitarra humeante. En 1997 explicaba cómo nació la idea: «en la primera gira un día pillé una buena y se me ocurrió poner una pequeña bomba de humo en la caja de control de volumen de mi Les Paul. Tenía el fusible colgando de la placa posterior, y lo encendí justo antes del solo. El humo salió de ambas pastillas, y la gente se volvió loca. Yo también pensé que quedaba genial, pero destruyó por completo los potenciómetros de volumen y tono». Con buen criterio se pidió a un experto que rediseñara el truco para proteger el instrumento, al cual se le añadió tam-

bién una lámpara halógena para hacer que la guitarra pareciera estar en llamas. Al final del solo, Ace también disparaba confeti y serpentinas contenidas en un pequeño paquete oculto en la parte posterior del clavijero.

El otro solo era el de Gene a las cuatro cuerdas justo antes de «100.000 Years» y se ejecutaba a la vez que uno de sus *gimmicks* más famosos. De nuevo retirado al *backstage*, tomaba en su boca un buen trago de un preparado rojizo y regresaba frente al público para, con la mirada desafiante, empezar a vomitar «sangre» mientras hacía retumbar su bajo. Las leyendas urbanas que ello suscitó en su día, especialmente entre el público más joven, forman parte del anecdotario más loco y disparatado del rock and roll, parejas en diversión a las teorías sobre la inusitada longitud de su lengua.

En cualquier caso una vez Gene dejaba de hacer guarradas, y por lo general durante los coros de «100.000 Years» entraban en acción los lanzallamas verticales instalados sobre las tablas, disparando gas en combustión y subiendo la temperatura del *show* hasta límites incalculables. Figurada y literalmente, como puede atestiguar cualquiera que los haya visto en directo y haya sentido la bofetada de calor en toda la cara.

El *show* solía terminar con «Black Diamond» y con ella la traca final. Primero, durante la intro, las luces se enfocaban directamente sobre dos bolas de espejos que colgaban a ambos lados del escenario, emitiendo cientos de pequeños rayos de colores. Y con los últimos compases del tema, la batería de Peter empezaba a elevarse sobre las cabezas de sus compañeros, levantada por

un no muy seguro sistema de poleas que no tardó en reemplazarse por otro hidráulico, mucho más fiable.

Terminando esas giras con un tercer bis en la figura de «Let Me Go Rock, Rock and Roll», las diferencias más notables entre 1974 y 1975 fueron, en el segundo año, la inclusión de una tormenta de confeti al final de la canción que dejaba a medio recinto hasta arriba de papelitos y el inicio de la costumbre de Paul de destrozar su guitarra contra el suelo al término del *show*, en la mejor tradición Pete Townsend.

Todo esto era lo que uno podía imaginarse, en la era preinternet, cada vez que pinchaba *Alive!*

1976-77, mayoría de edad

Para las giras norteamericanas entre 1976 y 1977, la cosa a nivel escénico iba a cambiar. El *show* de *Destroyer* tenía que ser mejor y más grande que los anteriores. El álbum había sido un éxito tremendo, y la banda ahora tocaba en grandes recintos, mientras que el escenario de 1975 había sido diseñado para lugares mucho más pequeños.

En consecuencia, parte del equipo de gira original fue despedido al considerar Aucoin y Delaney que la banda necesitaba profesionales más experimentados que se encargaran de una producción mucho más complicada. Considerando su reputación en espectáculos de Broadway y su experiencia en el mundo del rock construyendo escenarios para David Bowie y los Rolling

Stones, el encargo recayó en la Jules Fischer Organization, que a su vez contrató a Mark Ravitz como *freelance* para trabajar en el diseño.

El diseño de gira de *Destroyer* se basó en las ilustraciones del álbum, presentando una ciudad apocalíptica como tema pero con la idea de que las distintas partes del escenario se correspondieran temáticamente con el personaje de cada miembro de KISS. A cada lado del set de batería había un decorado que simulaba edificios destruidos, pero en la parte delantera el piso se elevaba para dar la apariencia de un castillo gótico en el lado de Gene, y de un paisaje extraterrestre en el de Ace, dos plataformas a distinto nivel con pasarelas por las que subir y bajar. Frente a la batería de Peter había dos grandes gatos de papel maché con brillantes ojos verdes que por cierto, fueron robados durante el desmontaje del *show* en el estadio de Atlanta el 29 de agosto y tuvieron que ser sustituidos por otros dos de diseño sensiblemente distinto. Un nuevo y más espectacular juego de luces, unos «rayos» de bombillas en lo alto para simular una tormenta y un enorme logo de KISS Army en un lateral completaban la escena.

En cuanto a los trucos, uno de los cambios más significativos vino de la mano de Ace: a mitad de su solo dejaba sobre el escenario la guitarra y se iba, mientras esta seguía haciendo ruidos gracias a un efecto de eco. Al poco reaparecía sobre uno de sus amplificadores con una nueva guitarra. Al tocar los primeros acordes, la guitarra dejada en el escenario estallaba en llamas y desaparecía a través de una trampilla.

1977-78, añadiendo detalles

El escenario de *Love Gun* tenía puntos en común con el de *Destroyer*, pero también no pocas diferencias.

Una nueva incorporación fueron las plataformas elevadoras en la parte trasera. Cuando se anunciaba a la banda con el escenario todavía a oscuras, los focos revelaban a Gene, Paul y Ace sobre ellas y en cuanto sonaban los primeros acordes de «I Stole Your Love», estas descendían lentamente hacia el suelo.

Otra novedad fue la figura de un dragón en el lado de Gene, la cual emitía vapor con un sonido siseante y cuya llama en la cabeza servía para que The Demon prendiera su antorcha antes de escupir fuego.

Ocultos en el suelo del escenario había dos elevadores hidráulicos que podían izar a los miembros de la banda. Desde uno de ellos Paul cantaba «Love Gun», y Gene hacía otro tanto en «God of Thunder». Durante su solo de guitarra, Ace también usaría la plataforma en el lado derecho del escenario, durante los primeros *shows* de la gira, para dejar de hacerlo poco después tal vez por razones de seguridad. Recordemos que su verticalidad y su equilibrio por aquellos días eran un tanto frágiles…

Las plataformas volvían a usarse al final con «Black Diamond». Gene en la izquierda, Ace y Paul en la derecha y la batería de Peter revelando un telón con dos grandes gatos en actitud de ataque; todo ello a la vez, mientras docenas de efectos pirotécnicos explotaban a su alrededor. Un gran efecto que se puede apreciar, aparte de en algunas filmaciones de la época, inmortalizado en el interior de la doble carpeta de *Alive II*.

1979-80, el fin de una etapa

Para el tour de *Dinasty* se volvió a poner toda la carne en el asador con una producción de lujo que se estima que costó más de un millón de dólares construir. Se usó un escenario semicircular a dos niveles y cuatro rampas: dos en la parte frontal (con luces) y dos en los laterales. El kit de batería de Peter se colocó muy adelantado, casi en medio del escenario, y detrás de él cuatro elevadores sobre los que aparecía la banda, cada uno enfocado con su color característico. El *show* seguía por los derroteros habituales hasta «New York Groove», para la que Ace tenía un nuevo efecto: la guitarra luminosa, que se vería ampliado en «2.000 Man»; durante su solo, y tras el habitual truco del humo, Ace la ataba a un cable y el instrumento salía literalmente volando hacia los focos. Entonces, volvía al escenario con una segunda guitarra que disparaba cohetes desde el clavijero hasta las líneas de focos, donde gracias a un efecto pirotécnico allí oculto, parecían explotar.

En «God of Thunder», aparte del vómito de sangre Gene presentó un truco completamente nuevo: el famoso número de vuelo, por el que volaba hacia una plataforma desde la que cantaba la canción. El truco se realizaba izándolo con un cable, usando un motor eléctrico.

El elevador de la batería avanzaría al frente del escenario para el solo de Peter pero no sólo eso… también giraba en todas direcciones, y por supuesto se elevaba como siempre al final de «Black Diamond», aunque esta vez alcanzaría más altura que nunca.

Algunas otras ideas fueron probadas y desechadas. Por ejemplo, la banda tenía que aparecer en el escenario a través de una cortina de luz láser, pero la cosa no salió bien. Sólo se usó una vez, en el primer *show* de la gira, y todo lo que los fans pudieron ver fue una distante neblina azulada. Paul por su parte también quería un efecto propio: disparar rayos láser desde su ojo estrellado como en *KISS Meets The Phantom of the Park*. Se probaron varias cosas, pero ninguna dio el efecto deseado, y la idea quedó descartada definitivamente.

El *show* para la gira de *Unmasked*, por su parte, fue en casi todos los aspectos el mismo que el de *Dynasty* con algunos ligeros cambios. El principal, un escenario más pequeño. Y es que el espectáculo tenía programadas fechas en Europa, y casi ninguna sala en el Viejo Continente tenía espacio para la puesta en escena de *Dinasty*.

1982-84, recortes en el presupuesto

En la gira de *Creatures of the Night* las dimensiones escénicas se redujeron considerablemente. Diseñado para parecerse a un tanque, con la torreta y el cañón como base elevadora de la batería y plataformas a ambos lados simulando las orugas, la torreta podía moverse en todas direcciones, y los tubos de escape en la parte posterior exhalaban humo al final del concierto. El espectáculo se abría con el sonido de un tanque en movimiento y la banda entraba al escenario entre densos vahos de hielo seco. El número de vuelo de Gene fue

eliminado, y este modificó ligeramente su solo incorporando el sonido de una campana y el efecto de unos relámpagos.

Al final del *show*, durante «Black Diamond». la banda subía a la torreta y esta empezaba a girar mientras «disparaba» a los altavoces sobre el escenario. La parte posterior de los altavoces se desplomaba dejando escapar un montón de confeti para simular que habían explotado.

La gira de *Lick it Up* mantuvo el perfil bajo de su predecesor, yendo incluso más allá y eliminando la mayor parte de la pirotecnia, aunque hacia el final del *tour* se recuperaron los fuegos artificiales para el efecto cascada que ya se había utilizado durante la gira de *Creatures*. Sin maquillaje ni disfraces y con una situación financiera no especialmente boyante, se mantuvo el tanque como elemento principal y poco más, a la vez que Gene descartaba por primera vez en su carrera el número de vomitar sangre.

1984-88, los años austeros

Para la fase europea del tour de *Animalize*, KISS recuperó el chasis del escenario usado en la gira de *Unmasked*, pero con cierta decoración simulando manchas de leopardo y rayas de tigre, como en la portada del álbum. Un *Leitmotiv* que abarcaba asimismo el elevador de la batería, forrado con piel negra, las rampas pintadas como pelaje de cebra o los dos bombos con sendas cabezas de pantera. Los efectos pirotécnicos siguieron desaparecidos y lo único que se mantuvo fue el número de escupefuegos de Gene (al final de «War Machine» ya que «Firehouse» había sido eliminada del repertorio) y la guitarra de Paul destrozada al final.

Como novedad, la banda se enfrascaba en una pequeña *jam session* como primer bis.

En Estados Unidos no obstante se diseñó un espectáculo mucho más grande. También se volvieron a usar varios efectos pirotécnicos y Paul, anticipándose a su futuro truco volador, aparecería en escena colgando de un cable como si de una liana se tratase, antes de reventar su guitarra al final de «Rock and Roll All Nite». La cascada de fuegos artificiales siguió poniendo fin al *show*.

Para la gira de *Asylum* se usó básicamente la estructura de *Animalize* pero retirando los motivos selváticos e incorporando un enorme logo de KISS. El logotipo usado desde 1976 fue sustituido por uno nuevo, encargado a la empresa Vari-Lights, que mostraba luces de distintos colores. Una alfombra en el suelo con la portada del álbum se usaba dependiendo del tamaño del recinto y, por ende, del escenario, no siempre apto para soportar las rampas

laterales. En esta gira además Gene se apropió del truco de lanzamiento de cohetes de Ace durante su solo.

El tour de *Crazy Nights* fue tal vez el más austero (dentro de sus parámetros) hasta la fecha. Se mantuvo el logo –con el efecto añadido de unas luces de neón– y un gran semicírculo metálico tras la batería de Eric… y poco más. Ni trucos ni pirotecnia. Tal vez lo más destacable fuera ver a Bruce tocando los teclados durante «Reason To Live», primera y única vez que KISS incorporaban teclas a su *show*. En realidad, aparte de Bruce, había un teclista –Gary Corbett– cual quinto miembro oculto tras los cortinajes la mayor parte del *show*.

1990, en la corte del faraón

Estaba claro que con la portada del nuevo disco, la temática del siguiente *tour* iba a tirar por lo egipcio. La puesta en escena sería la más espectacular desde los setenta, con el escenario dominado por una gran esfinge a la que bautizaron como Leon The Sphinx.

Al principio, a medida que las luces se atenuaban, Leon abría la boca y dejaba salir cientos de delgados rayos, una cortina de láser que, al contrario que en el *tour* de *Dinasty*, ahora sí funcionó a la perfección revelando las siluetas de KISS entre el efecto de neblina. «I Stole Your Love» y una potente exhibición de fuegos artificiales ponía los recintos a cien desde el primer instante.

Justo antes del solo de batería de Eric en «God of Thunder», los ojos de Leon se iluminaban y barrían a la audiencia con dos potentes focos y cuando la banda retomaba el tema tras el solo, disparaba cohetes de sus ojos. Pero

lo mejor venía cuando Leon «cantaba» los siguientes versos, un magnífico efecto que se logró haciendo que el cañón láser mostrara las voces como una lectura de osciloscopio en una pequeña pantalla dentro de su boca.

En «Detroit Rock City» la esfinge se hundía en medio de una exhibición gigante de fuegos artificiales para dejar paso en el siguiente bis primero a una gran bola de espejos y, poco después, a un enorme logo metálico de KISS. En el debe, varias ausencias: no se usó la intro de «you wanted the best», Gene no escupía fuego, no había confeti en «Rock and Roll All Nite» y Paul tampoco rompía su guitarra… tal vez porque en esta gira usaba una Gibson Les Paul cuyo precio no invitaba a cargarse una cada noche.

1992, Nueva York en ruinas

La gira de *Revenge* sustituyó a la esfinge por la mitad superior de una Estatua de la Libertad montada tras la batería. Un guiño a la escena final de *El planeta de los simios*, completado con un escenario simulando una Nueva York postapocalíptica: la estructura de iluminación colgando torcida, amplificadores volcados y hasta un anuncio de metro cubierto de grafitis sobre la plataforma en la parte derecha.

De nuevo sin su intro clásica, el escenario se presentaba cubierto por un enorme telón con su logo. Tras los primeros acordes de «Creatures of the

Night» se escuchaba una fuerte detonación y el telón caía para revelar a la banda en escena.

Se recuperaron los números del tragafuegos y la guitarra destrozada y se introdujo uno nuevo que incluía a varias *strippers* durante el tema «Take it Off» las cuales se iban desprendiendo de la ropa al ritmo de la canción hasta quedar en ropa interior (las leyes yanquis no autorizaban a más). En algunas ciudades tradicionalmente más conservadoras y por lo que pudiera pasar, la canción simplemente se eliminó del *set list*.

Al igual que la esfinge, la Estatua de la Libertad tendría una función importante en el *show*. Primero durante «War Machine», cuando una potente explosión le «arrancaba» la piel de la cara para revelar una calavera y después, hacia el final de «Detroit Rock City», al levantar la estatua su dedo corazón en un gigantesco *f**k off!*

1996-97, la vuelta a los viejos tiempos

A nivel escénico, la gira de reunión fue una especie de *best of* de todos sus trucos y espectáculos previos, pero aún más a lo grande. A primera vista no parecía nada del otro mundo: una montaña de amplis, muchas luces, una pantalla gigante de vídeo y un nuevo logo. Pero una vez que el *show* daba comienzo, empezaba lo bueno. Para empezar y por primera vez desde la gira de *Crazy Nights* se escuchaba la presentación de «queríais lo mejor, tenéis lo mejor» tras lo cual sonaban los primeros acordes de «Deuce», caía el telón con una gran explosión y allí estaban Paul, Gene, Ace y Peter maquillados y disfrazados como antaño.

Aparte del subidón de ver de nuevo a los cuatro fantásticos en acción, lo primero que advertía el público era el nuevo logo, mucho más brillante que cualquiera usado anteriormente, con multitud de patrones de luz distintos. El escenario en sí se veía un tanto vacío al principio hasta que con el segundo tema, «King of the Night Time World», los amplificadores que hasta entonces habían estado tumbados se levantaban para formar un enorme muro.

El resto del *show* era un continuo homenaje a todos sus trucos clásicos, sin dejarse prácticamente ninguno. Una de las pocas variaciones la aportó Ace en «Shock Me»: tras la retahíla de efectos en su solo (guitarra humeante, voladora…) disparaba un último cohete a la estructura de iluminación y la explosión arrancaba un foco, el cual caía unos cuantos metros para quedar colgando de un cable. Un efecto impactante, tanto como el vuelo de Paul subido al estribo de un cable que le llevaba hasta una plataforma cerca de la mesa de sonido, desde la que interpretaba «Love Gun».

1998-00, bienvenidos al circo tridimensional

Para el nuevo *show* de la gira de *Psycho Circus*, KISS instaló una pantalla Imax 3-D en medio de la pared posterior flanqueado por dos logos, una idea que se remonta a *KISS World*, el frustrado parque temático proyectado en 1979. Veinte años más tarde empero, la tecnología 3-D había avanzado lo suficiente para incorporarla a un espectáculo en directo, utilizando cámaras 3-D en el escenario. Pero aun así seguía habiendo inconvenientes. Desde el coste del equipo hasta su emplazamiento en una grúa especial que si se inclinaba lo más mínimo arruinaba el efecto, por no hablar del sempiterno problema del 3-D casi desde su invención: que al principio impresiona, y al cabo de un rato aburre. En cualquier caso a los fans se les entregaban unas gafas especiales a la entrada de los recintos y allá cada cual.

Para el solo de Peter, en esta gira normalmente al final de «Within», se diseñó un nuevo truco por el cual el set entero se elevaba y avanzaba como volando hasta las primeras filas del público.

El tema pirotécnico también fue incrementado hasta límites demenciales; las explosiones y el fuego campaban a sus anchas. Quizás tomando nota de que en la gira de reunión algunos efectos, como los lanzallamas de base química, no habían estado al nivel de los setenta, se volvió a los clásicos a base de gas, logrando unas columnas de fuego como nunca hasta entonces. Y también al igual que en el *Reunion Tour*, se crearon grandes réplicas inflables de ellos cuatro, que se colocaban en los estadios con más capacidad.

2000-01, el falso adiós

El escenario de la –supuesta– gira de despedida era simplemente gigantesco. En su parte superior respetaba el diseño del *Psycho Circus Tour*, con los dos logos de KISS flanqueando la pantalla de vídeo gigante, pero para la mitad inferior se recuperaron las escaleras usadas en las giras del periodo 76-78, aunque obviamente puestas al día.

La primera aparición de la banda en escena fue todo un hallazgo: Paul, Gene y Ace descendían lentamente sobre una gran plataforma desde la estructura superior de iluminación, con Peter y su kit haciendo otro tanto en otra plataforma tras ellos. Una idea usada a medias en la gira de *Animalize* y que aquí alcanzó su punto óptimo.

Pero con la excepción de esta espectacular entrada y del tamaño de la plataforma de iluminación, descomunal a todos los efectos, el resto del *show* no se diferenciaba apenas del anterior. Como de costumbre, el espectáculo se cerraba con «Black Diamond», la batería se levantaba y en esta ocasión los gatos tras el elevador escupían vapor por la boca, dando paso a los fuegos artificiales de rigor; y mientras Paul permanecía en el escenario, Gene y Ace también se elevaban en sus respectivas plataformas hidráulicas, en un gran final a la altura de sus mejores momentos.

2008-10, nuevo aniversario

KISS inauguró la fase norteamericana del tour que celebraba su trigésimo quinto aniversario en la que fue siempre su segunda casa: el Cobo Arena de Detroit, en el cual se reveló a los fans norteamericanos el nuevo escenario que Stanley había anunciado como «el más amplio y grande que hemos tenido» (siendo sinceros, esto lo han dicho prácticamente en cada nueva gira).

Pero en verdad el nuevo *show* era digno de verse, con una enorme pantalla de alta definición como telón de fondo, tres niveles de cubos luminosos en la parte trasera más otras dos pantallas de vídeo y sendas banderas de la KISS Army flanqueándolo.

Los ascensores hidráulicos subían a los miembros de la banda desde el nivel inferior del escenario al comienzo del espectáculo y los elevaban por encima de la multitud mientras el confeti llenaba el recinto y la pirotecnia explotaba al final de «Rock and Roll All Nite».

2012-15, superándose a sí mismos

Los tiempos cambian, los avances técnicos se suceden y para la gira de *Monster* KISS se hicieron con los servicios de un invitado especial, que eclipsaba no sólo al resto del escenario (abierto y poco recargado) sino a la mayoría de sus esfuerzos anteriores. Porque el nuevo espectáculo de la banda, utilizado por primera vez en la etapa europea, involucró una gigantesca araña robótica que se movía a través del escenario y a la cual se encaramaban los músicos para elevarse a las alturas. Si le sumamos que la araña disparaba metralla pirotécnica desde sus patas y tenía unos ojos que brillaban como brasas encendidas, tanto la ya habitual superpantalla de vídeo como los enormes blasones de la KISS Army quedaban en un muy segundo plano.

Un efecto que se llevaron con ellos en parte de su siguiente gira, conmemorando cuatro décadas ofreciendo el mejor espectáculo de rock and roll sobre la faz de la Tierra.

COMPRAD, COMPRAD, MALDITOS: EL MERCHANDISING ELEVADO A LA CATEGORÍA DE ARTE

Gene Simmons y Paul Stanley, como buenos hombres de negocios, tuvieron muy claro casi desde el principio que para ganar dinero hay que tocar el mayor número de palos posible. Y en el mundo del rock, el *merchandising* es uno de los palos principales para conseguir ingresos digamos, atípicos. Para ello por supuesto se necesita un producto atractivo y ellos lo tenían. Lo único que había que hacer es pensar qué tipo de artículos tendrían más salida comercial y ponerse a ello.

Así, alternando pequeños regalos insertos en sus propios discos (posters, libretos, adhesivos, tatuajes temporales) con el *merchandising* clásico en una banda de rock (camisetas, gorras, pins), empezaron a licenciar toda una gama de productos que con los años ha alcanzado proporciones astronómicas.

Según constató un artículo en la revista *Brandweek*, «KISS ha licenciado su nombre a más de 3.000 categorías de productos, desde bolsas para el almuerzo y libros de cómics hasta tarjetas de crédito y preservativos para convertirse en una marca de casi mil millones de dólares». De ello se deriva que sea la banda de rock que tiene más productos a la venta y la que ha generado más dinero de la venta de *merchandising*.

Por supuesto referenciarlos todos sería una tarea titánica, por no decir imposible. Todo aquello a lo que se pueda estampar el logo o la imagen de KISS es susceptible de comercializarse: ropa y accesorios de todo tipo, cartas y cromos, libros y fundas de móvil, mecheros, vídeojuegos y productos de higiene personal… la lista sería interminable. No obstante hay o ha habido una serie de productos lo suficientemente clásicos, icónicos y/o peculiares para destacar entre el conjunto. Veámoslos.

Tinta y sangre

Era algo inevitable. Su imagen requería que el noveno arte los inmortalizara y ello ocurrió en 1977, cuando Marvel publicó un cómic que presentaba a la banda como superhéroes, (la famosa edición con sangre de los cuatro en-

mascarados mezclada con la tinta) con una segunda entrega al año siguiente. En 1997, Image comics inauguró la serie *KISS: Psycho Circus*, de Todd McFarlane, con un tono mucho más sombrío y místico que las anteriores entregas. Se publicaron 31 números entre 1997 y 2000. En 2002, Dark Horse Comics sacó al mercado un cómic de KISS escrito por el escritor de X-Men Joe Casey, que duró trece números y finalizó la producción en 2004.

En enero de 2007 se anunció que KISS Comics Group, una empresa conjunta entre Platinum Studios y la banda, lanzaría un nuevo cómic titulado KISS 4K, del que se editaron seis números y un ejemplar en edición especial en 2008. En 2011 KISS se asoció con la popular serie de cómic Archie para una serie de cuatro partes, *Archie Meets KISS*. Finalmente en 2012 la editorial IDW firmó un acuerdo con el grupo y comenzó a imprimir una nueva serie de cómics de KISS.

Adiós, G. I. Joe

En 1978 la empresa de juguetes Mego lanzó una línea de figuras de acción de los cuatro miembros de la banda. Existen dos variantes de esta serie, la primera con una anatomía más estándar y realista y la segunda ya con físicos más musculosos, estilo superhéroe. A partir de 1997 y hasta el día de hoy, McFarlane Toys ha fabricado varias diferentes series de figuras de acción y muñecos de

KISS de todos los tamaños. Y ahora que no nos ve nadie confiésalo, KISSmaníaco: tienes las figuritas pequeñas en la estantería para decorar, pero de vez en cuando aún bajas los muñecos originales del desván y juegas con ellos.

Sure plays a mean pinball...

¿Quién de pequeño no tomaba –ejem– prestadas unas monedas del billetero de mamá para escaparse a los recreativos a echar unas partidas, entre otras cosas, al millón? En Estados Unidos además, si tenías suerte, podías jugar mientras Paul y compañía te observaban entre luces parpadeantes. La empresa Bally desarrollo en 1978 la primera máquina de *pinball* de KISS, que se mantuvo en catálogo hasta bien entrada la década de 1980. En 2001, se lanzó un juego KISS Pinball para PlayStation y en mayo de 2015 Stern Pinball anunció el lanzamiento de tres nuevas versiones de la máquina.

KISS contra el Dr. Venéreas

Quien más quien menos tiene asumido que, por más que lo intente, jamás logrará acostarse con más de cuatro mil quinientas mujeres, como sí lo ha hecho Gene (o eso dice). Pero en cualquier caso tengan ustedes pareja estable o sean de natural promiscuos, gusten de una previa cena romántica o vayan directos al aquí te pillo aquí te mato, nunca dejen de llevar en su cartera un condón KISS. Modelos a elegir entre *Love Gun Protection, Tongue Lubricated* o *Studded Paul*, según sus preferencias y sensibilidad.

Besos a crédito

¿Te gusta personalizar tus tarjetas de crédito pero dudas entre el escudo de tu equipo o una foto con ciervos y un lago? No seas cursi y pide hoy mismo la Visa KISS Platinum al FirstUSA Bank. Según reza su publicidad, como titular de la tarjeta recibirás «actualizaciones mensuales, noticias y chismes internos directamente de la fuente».

Además desde 2012 también está disponible –en cinco diseños diferentes– la tarjeta KISS Army Visa Platinum Rewards tanto a través de Visa como en la tienda KISSonline. *Let's go shopping!*

Ho, Ho, Ho

Llega la Navidad, bajas la caja con las guirnaldas y el espumillón y piensas que es momento de cambiar y darle un toque KISS a estas fechas. Dicho y hecho: luces y bolas para el árbol, dulces y golosinas, tarjetas de Navidad, adornos musicales y por supuesto calcetines para colgar en la chimenea, algunos modelos ¡incluso diseñados para parecerse a las propias botas de la banda en escena! Olvídense de villancicos y canciones populares, pinchen *Hotter Than Hell* por enésima vez y ¡a comprar!

El libro monstruoso

En 2012 se puso a la venta el KISS Monster Book, un volumen repleto de fotografías del grupo de nada menos que 91 centímetros de largo por 76 de ancho, que se vendió al módico precio de 4.299 dólares, con descuento especial de 800 pavos para los primeros setenta y cinco compradores. Tan ridículamente caro y poco manejable que el propio Paul comentó que «puedes conseguir un par de ellos y construir una casa; y admitámoslo, probablemente necesites un nuevo sitio para vivir después de que te hayas gastado unos cuantos de los grandes en un libro».

La tirada fue de solo mil ejemplares numerados y firmados por los miembros de la banda. También es posible personalizar la portada con las banderas de algunos países, por si ama usted a su patria tanto como a KISS.

Pedales de lujo

Una de esas pequeñas satisfacciones de la vida es cuando llega el otoño y al ponerte un abrigo que lleva meses en el armario descubres un par de billetes olvidados en un bolsillo. Si en vez de un billete de diez o veinte encuentras un fajo de billetes de quinientos, no te lo pienses dos veces: a por la nueva y flamante bicicleta KISS. Desarrollada por Sciacallo Bikes en 2017, la KISS Road Bike te permitirá pedalear guapamente sobre fibra de carbono siempre que estés dispuesto a desembolsar seis mil quinientos dólares. No podemos constatarlo, pero posiblemente los gastos de envío aparte.

ReKISScat in pace

Es posible que pasar la eternidad metido en una vulgar caja de pino no le haga especial ilusión. Es comprensible. Pero como siempre, KISS acude en su ayuda. Desde el año 2001 uno puede, tras toda una vida como die-hard fan de los neoyorkinos, dejar reposar sus huesos en un ataúd de la banda. El KISS Kasket, decorado con el logo y la imagen del grupo ya ha tenido ilustres ocupantes como Dimebag Darrell y Vinnie Paul, del grupo Pantera.

Además desde 2010 y gracias a un acuerdo firmado entre la banda y la empresa Eternal Image Inc. se ofrecen todo tipo de artículos funerarios aparte del ataúd: velas, libros de condolencias, recordatorios…

¡Ah!, por cierto. Si los gusanos no son santo de su devoción y prefiere una cremación, ningún problema. Existe igualmente el KISS Kremation Kasket que arde de maravilla, y las urnas KISS tanto para sus cenizas como, eventualmente, las de su mascota.

El dulce olor del éxito

Desde febrero de 2006 y en colaboración con Gemini Cosmetics se
ofrece toda una línea de productos de
belleza e higiene personal tanto para
él (KISS Him) como para ella (KISS
Her) que comprende gel y champú,
desodorante, crema de afeitar, perfu-

me, *body milk* y sales de baño para oler a KISS de la mañana a la noche.

Pero de nada sirve todo ello si luego subes al coche y aquello apesta a pies, tabaco y restos del bocadillo de los niños, así que no olvides colgar del retrovisor el ambientador KISS. Ahora sí, metemos quinta y ¡rumbo a Detroit Rock City!

¿Una partidita?

Los aficionados a los juegos de mesa tienen más de una opción para pasar una velada entretenida. El año 2003 apareció KISS-Opoly, una variante del tradicional Monopoly con cartas como «Has roto una cuerda de la guitarra del Starchild, paga $50» o «Has quedado segunda en el Concurso de Belleza Girls of KISS. Toma $100».

Tres años más tarde salió al mercado Got To Choose, un juego de cartas en el que demostrar que eres un auténtico entendido en materia KISS respondiendo preguntas en tres categorías: *Sure Know Something KISS trivia*, *Shout It out Loud song lyrics* y el *Shock Me truth or dare challenge!*

Y para los más nostálgicos, ahí está el KISS on Tour Board Game original de 1978 en el que seguir a la banda de gira al ritmo de lo que marquen los dados.

KISS se asocia ¡con Hello Kitty!

A pesar de que Gene y Paul siempre han defendido con uñas y dientes la marca KISS, en 2012 la banda se embarcó en una línea de comercialización compartida con el famoso personaje japonés Hello Kitty. De dicho acuerdo surgieron tazas, camisetas, figuras de vinilo e insignias que representan al muñeco de marras con maquillaje de KISS, aunque el producto estrella sea probablemente el papel higiénico, que como es lógico mezcla la suavidad de la gatita con la resistencia de KISS para tener tu trasero siempre impecable.

Con la música a todas partes

En 1978 la recién fundada compañía Tiger Electronics Ltd. puso en circulación el KISS Phono, un pequeño tocadiscos portátil en formato de maleta con una foto de la banda en directo en la tapa, y el logo y las fotos de la portada del *Alive II* en su interior. Diseñado básicamente como un juguete para siete pulgadas, era igualmente capaz de reproducir elepés. En la actualidad y sin llegar a precios estratosféricos es una preciada pieza de coleccionista más por su componente *vintage* que por su sonido, no precisamente cuadrafónico.

Brindando con estilo

Los fans de KISS también se hacen mayores (al menos físicamente) y con la madurez se abandonan un tanto los *packs* de seis latas en el aparcamiento antes del concierto en favor de un buen tinto saboreado en casa y en copa alta. Pero para seguir rockeando lo suyo es agenciarse alguna de las múltiples versiones del vino KISS. Caldos mayormente californianos, tintos y rosados, que van del KISS Zin Fire al KISS This pasando por el KISS Shout It out Chardonnay o las ediciones especiales con etiquetas inspiradas en *Dressed to Kill*, *Destroyer* o *Psycho Circus* entre otros.

Air Guitar Strings (como lo oyen)

La genialidad en estado puro, el artículo de *merchandising* definitivo: cuerdas para hacer *air guitar*. O lo que es lo mismo, una bolsa de plástico vacía sujeta a una etiqueta de cartón con la imagen de KISS. Reconozcámoslo, sólo a una mente criminal maestra se le puede ocurrir comercializar algo así. Por sólo 3,99 dólares cualquier fan de KISS puede gastar una broma a un colega, y ya de paso comprar una segunda unidad para sí mismo, no vaya a ser que lleguen a descatalogarse y, como ha ocurrido con otros artículos, luego se pidan barbaridades por ellas.

La moto fantasma

Mucha gente no sabe que KISS y la compañía japonesa Honda se habían unido para producir una motocicleta. En efecto, en 1978 el prototipo de la Honda KISS Mobile estaba listo para entrar en la cadena de montaje, pero por algún motivo nunca se lanzó al mercado. Por los pósters promocionales de la época (que a día de hoy no se consiguen por menos de unos cuantos cientos, por cierto) aparte de un logotipo de KISS en el depósito y en lo que parece una bolsa de sillín en la parte trasera, lo que se aprecia es básicamente una clásica Honda Hawk CB 400 de doble cilindro.

La espina no obstante quedó clavada y finalmente en 2010 KISS consiguió si no lo mismo, algo parecido: poner en circulación la KISS Scooter, una *custom* en edición coleccionista fabricada por CrossRunner y que sinceramente, es tan horrenda que aquel que se gaste los 3.400 dólares que cuesta debería replantearse sus prioridades.

KISStory

En marzo de 1995 salió a la venta lo que ha sido definido como la Biblia del Kisstianismo: KISStory, el definitivo y a día de hoy todavía no igualado compendio visual de la historia de la banda, un esfuerzo editorial plasmado en un volumen no precisamente de bolsillo pero absolutamente imprescindible y en el cual la banda se involucró a fondo. Libro con muy poco texto pero rebosante de fotografías (la mayoría inéditas), *set lists* antiguos, letras manuscritas, itinerarios de gira, borradores y dibujos de Gene y demás chucherías, KISStory era un regalo para todos aquellos fans que les habían sido fieles desde el principio. Bueno, un regalo que te dejaba la cartera tiritando, pero que en esta ocasión, al contrario que con otros artículos de su catálogo que sí son un verdadero atraco, tenía su alto precio más que justificado.

KISStory II

Cinco años después se editaría una decepcionante segunda parte de KISStory la adquisición de la cual sólo está recomendada a aquellos fans cuya obsesión ha sido ya diagnosticada como incurable. KISStory II adolece del carácter histórico del primer libro, porque aunque también de carácter eminentemente gráfico, se centra casi en exclusiva en la *memorabilia* y el *merchandising* de la banda. Hablando claro, es un lujoso y carísimo catálogo de juguetes, moñacos y cien mil fruslerías más con el logo, la forma o la firma de la banda, la gran mayoría datando de los setenta. Un surtido de cartas escritas por los fans y la historia de los inicios de la KISS Army contada por su creador rompen un poco el tono general, pero en ningún caso justifican una edición que no fue sino una maniobra puramente alimenticia.

ANÉCDOTAS, CURIOSIDADES
Y LEYENDAS URBANAS

¿Quién dijo por primera vez You Wanted the Best, you Got the Best! The Hottest Band in the World, KISS!?

La primera vez que la famosa intro aparece en una grabación de KISS es al principio de *Alive!*, pronunciada por el entonces *road manager* de la banda Jr. Smalling, según algunas fuentes tras haberse inspirado en un anuncio de Toyota que tenía un eslogan de venta similar. Sin embargo, como hemos visto en el capítulo dos, Sean Delaney afirma que fue él quien originalmente ideó esa introducción, improvisándola al presentar a la banda en la Academy of Music el 31 de diciembre de 1973. Como tantas otras cosas en la historia de KISS, depende de a quién preguntes.

La famosa contraportada de Alive!

Aunque cierta rumorología ha asegurado que la foto de la contraportada del álbum –en la que se ve a dos jovenzuelos sosteniendo una artesanal pancarta de KISS antes del inicio de un *show*– es un montaje, lo cierto es que no lo es. Los dos jóvenes son Lee Neaves y Bruce Redoute, que estaban sentados en la decimosexta fila del Cobo Hall de Detroit cuando el fotógrafo Fin Costello advirtió el cartel que llevaban. Les hizo un par de fotos levantando con orgullo su cartel frente a una multitud de doce mil personas, y el resto es historia.

La instantánea apareció a página completa en diversas publicaciones como *Performance*, *Circus* o *Cream* anunciando el inminente álbum en vivo de KISS y cuando finalmente fue editado *Alive!*, su imagen quedó fijada para siempre en la intrahistoria del rock norteamericano.

Las eses de la Schutzstaffel

Ace ha explicado por activa y por pasiva que las dos eses del logo original de KISS que él mismo diseñó pretendían evocar dos rayos y que no tenían nada que ver con las SS nazis pese a su más que evidente parecido, que él no desconocía puesto que desde siempre se había sentido atraído por los uniformes y la parafernalia del III Reich. En cualquier caso, sea cierto o no, en Alemania no están para bromas a ese respecto y aunque Bellaphon, el distribuidor germano de Casablanca mantuvo en los discos el diseño original hasta 1980, a partir de ese año y hasta hoy día todo el material de KISS en Alemania (discográfico, editorial, publicitario) se publicaría con las dos eses modificadas para esquivar la similitud.

Heil Gene!

«A Ace le fascinaba la memorabilia nazi y cuando estaba borracho, él y su mejor amigo se grababan en vídeo disfrazados de nazis», escribió Simmons en su autobiografía *Kiss and Make-up*. Dicha afición fue la base de un bromazo (tan hilarante como de evidente mal gusto) cuando en cierta ocasión en Japón Frehley irrumpió en la habitación de hotel de Gene con un uniforme nazi, saludándole y gritando «¡Heil Hitler!». Ace no lo niega pero aduce que Paul y Peter también se disfrazaron y participaron (Peter puede, Paul nos permitimos dudarlo) y aunque reconoce que estaba como una cuba, asegura que después le supo mal. Aleguemos amnesia.

¡Oh Dios, me he quedado ciego!

Existe una leyenda según la cual Ace Frehley sufrió una reacción alérgica cuando la pintura plateada que usó para sus cabellos en la portada del primer disco de la banda se resistió a desaparecer. Falso. Se trataba sólo de aerosol color plata que se diluyó con un simple lavado.

Puede que dicha falsa leyenda derivara de otra que sí ocurrió en realidad, tal y como explica el propio Ace: «Estaba en París y me topé con una modelo que conocía de Nueva York [...]. Terminamos emborrachándonos con unas cuantas botellas de champán y caí inconsciente en la cama aun con mi maquillaje puesto tras el espectáculo. Cuando me desperté, tuve una reacción alérgica al no haberme quitado el maquillaje plateado, porque tiene una base de metal. Mis ojos estaban hinchados y cerrados. Estaba ciego».

Por suerte pronto llegó un médico para chutarle un antiinflamatorio tipo Prednisona, pero durante unos eternos y angustiosos minutos, el bueno de Ace se vio vendiendo cupones.

La hilarante cogorza de Ace

La noche de Halloween de 1979 KISS hicieron una aparición especial en el programa The Tomorrow Show, conducido por Tom Snyder. Pero lo que iba a ser un encuentro promocional más con los cuatro miembros de la banda maquillados y con sus trajes de escena, derivó en la tal vez más loca, divertida e hilarante entrevista de toda su historia. Resumiendo, Ace estaba como una cuba y, desinhibido al máximo, se adueñó del *show* y les robó el protagonismo a Paul y Gene cuyas caras de

fastidio, cuando no de abierto cabreo, no hacían sino añadir comicidad a la situación.

La risa contagiosa y las continuas bromas de Ace, riéndose de sí mismo y de los otros fueron tan atronadoras que en un momento dado Snyder interrumpió a Gene para preguntarle a Ace si alguna vez había grabado su risa.

Peter, al igual que Snyder, disfrutó como loco y años después todavía recordaba divertido el incidente: «Cuando volvimos al camerino, Ace se desmayó sobre el sofá. Ace y yo por fin lo pasamos bien en una entrevista. Sabía lo cabreados que estaban Paul y Gene, y eso lo hizo aún mejor […]. Tom entró y dijo: "Quiero agradeceros esto, chicos. He tenido el mejor momento de mi vida. ¿Dónde está Ace?" Lo vio ahí tirado y dijo: "Cuando se despierte, decidle que le amo"».

Personalmente, creo que cualquier fan de KISS debería ver la entrevista como mínimo una vez al año. Es historia viva –y descacharrante– del rock.

El puzzle de Dinasty

Existe cierta controversia con la portada de *Dynasty*. La idea original era un concepto tan simple como una foto de sus caras. Se tomaron cientos de instantáneas pero la banda no quedó contenta y finalmente no aprobaría ninguna. Entonces se planteó la solución de dividir cada foto del grupo en otras tantas individuales de las distintas partes faciales: ojos, pelo, bocas, labios, orejas… lo cual llevaría a miles de permutaciones. Finalmente se llegó a la foto que estaban buscando para la portada del álbum, una composición de las mejores partes de todas las fotos seleccionadas. El laborioso trabajo de reunir este rompecabezas fotográfico fue encargado a Dennis Woloch, director artístico de Howard Marks Advertising en Nueva York. ¿Verdad o leyenda?

Hay fuentes que lo niegan, y otras que aseguran que el asunto se ha exagerado muchísimo y que alguno de los rostros puede que estuviera compuesto de más de una parte, pero no el puzzle de mil piezas que tanto se ha rumoreado.

Lo único cierto es que Paul no quedó contento con su aspecto y que entre la sesión y el trabajo de retoque se convirtió en una de las portadas más caras: cuarenta de los grandes.

Groupies a la carta

Compartiendo estatus de superestrellas del rock y una libido legendaria, Paul y Gene diferían un tanto en cuanto a sus preferencias femeninas en las giras de finales de los setenta y primeros ochenta por Estados Unidos. Mientras que a Gene le importaba poco el físico concreto de las voluntarias y con que estuvieran buenas le bastaba, a Paul no le valía cualquiera. Así, como muchas de las *groupies* en ciudades pequeñas no daban su perfil, en muchas ocasiones se las hacía traer expresamente desde Nueva York, Chicago o Los Ángeles. ¿Cómo tenían que ser las chicas, aparte de desinhibidas? Pues básicamente altas, delgadas y rubias. Un vistazo a su colección de ligues, novias y esposas lo corrobora fehacientemente.

La sordera de Paul

Paul Stanley nació con una microtia de nivel 3, una deformidad congénita del cartílago del oído externo que provoca que no haya un canal auditivo ni un camino directo hacia el funcionamiento interno del oído. Resumiendo: excepto por la conducción ósea, es prácticamente sordo de su oído derecho. Al cabo de muchos años pudo por fin implantarse un audífono, un dispositivo que generalmente se administra a niños a una edad temprana o a adultos que han perdido la audición debido a una afección médica. Algo que precisó un tiempo de adaptación, pues su cerebro nunca había procesado el sonido procedente del lado derecho. «Al principio, fue increíblemente agotador y extremadamente confuso. Era como si de repente estuvieras desarrollando un ojo en la parte posterior de tu cabeza», explicó el año 2011 en declaraciones a la CNN.

Rockin' With The Boys, el disco perdido

En diciembre de 1980 Rob Freeman, ingeniero en el disco en solitario de Ace, recibió una llamada preguntando si querría trabajar en un nuevo proyecto con la banda en Ace in the Hole, el estudio que Ace se había hecho construir en su nueva casa de Wilton, Connecticut. Freeman por supuesto aceptó y de aquellas sesiones, que empezarían en enero de 1981, existe una leyenda urbana acerca de un disco «perdido» de KISS, titulado *Rockin' With The Boys*. Incluso durante un tiempo se rumoreó que lo produjo el legendario Martin Birch. La verdad es que si existe, está oculto bajo siete llaves.

Lo que sí es cierto es que de las canciones que la banda grabaría en esas sesiones privadas, previas a *Music from «The Elder»*, algunas verían la luz total o parcialmente, como en el caso de «Feel Like Heaven», que acabaría en el *Let Me Rock You* de Peter en solitario, «Nowhere to Run» regrabada posteriormente para *Killers* o «Deadly Weapon», reciclada en parte por Gene para el tema «Love's A Deadly Weapon» incluido en *Asylum*.

Peter Criss, arruinado y en la calle

Peter Criss estaba prácticamente desaparecido de la vida pública desde mediados de los ochenta, cuando la revista *Star* publicó en enero de 1991 una terrible noticia: el ex batería de KISS era ahora un mendigo alcohólico que malvivía por las calles de Santa Mónica. El artículo, firmado por un tal Dave LaFontaine, narraba el día a día de un Peter Criss que lo había perdido todo, fortuna y amigos, y dormía bajo el muelle. Los actores Tom Arnold y Roseanne Barr, matrimonio por entonces, prepararon una campaña para sacarle del arroyo y en general se montó un revuelo considerable.

Hasta que por supuesto la noticia llegó al verdadero Peter Criss, que tranquilo y desintoxicado vivía con su mujer en Redondo Beach, California. Star simplemente se había topado con un impostor en la figura de un vagabundo llamado Christopher Dickinson y, sin contrastar la información, la publicaron. Política básica de tabloide.

Criss y Dickinson acabarían teniendo un cara a cara en el programa de «The Phil Donahue Show», y por lo que contaba Peter poco después, la denuncia que le enchufó a *Star* (y que por supuesto ganó) le reportó unos buenos ingresos. Final feliz si no para todos, sí al menos para él.

Las joyas de la familia

El continuo *egotrip* de Gene tuvo uno de sus puntos álgidos con el reality Gene Simmons Family Jewels, emitido con éxito en la cadena A&E durante siete temporadas, entre 2006 y 2012. En una onda similar a lo que hicieron Ozzy y Sharon con The Osbournes, aquí nuestro hombre junto a su compañera Shannon Tweed (con la que se casaría durante la sexta temporada) y sus dos retoños Nick y Sophie muestran la clásica realidad e intimidad guioniza-

das de este tipo de productos, para deleite de los fans. Trifulcas domésticas, salidas en familia, payasadas y mucha diversión y hasta una visita a Israel en 160 capítulos que ningún fan de KISS debería perderse.

Power trio

KISS ha actuado como trío tan sólo dos veces en toda su historia. La primera vez fue el 28 de enero de 1982, con Ace virtualmente fuera de la banda. Gene, Paul y Eric Carr aparecieron como trío en Studio 54 para un playblack de «I» (del reciente *Music From «The Elder»*), actuación emitida por satélite al Festival de Música de San Remo en Italia.

La segunda ocasión fue el 27 de julio de 2007 cuando inmediatamente antes de un *show*, Paul fue hospitalizado con taquicardia. En su ausencia, KISS actuó en directo como trío por primera vez.

Sin maquillaje en los setenta

A pesar de su publicitada primera aparición oficial sin maquillaje en 1983, los integrantes de KISS habían accedido mucho tiempo atrás a una sesión de fotos mostrando sus rostros desmaquillados. Fue a finales de 1974 tras una sesión para la revista *Creem*. Tras quitarse el maquillaje y a punto de regresar a sus coches Charlie Auringer, el director de arte de la publicación,  los convenció de posar para unas pocas fotografías. Las diversas fotos que tiró quedaron inéditas a petición del management de la banda hasta que finalmente fueron publicadas en el número de la revista de febrero de 1981. Dos años antes de desmaquillarse oficialmente en la MTV.

KISS pasan de los Beatles

En 1978 les ofrecieron el papel de Future Villain Band en el film musical *Sergeant Pepper's Lonely Hearts Club Band*, pero lo rechazaron porque les preocupaba que interpretar al villano del film pudiera dañar su imagen. En lugar de eso, se enfrascaron en el rodaje de *KISS Meets The Phantom of The Park*, lo cual demuestra que infalibles del todo, no eran.

Su papel en el film del Sargento Pimienta fue finalmente interpretado por Aerosmith, que consiguieron además un *hit* con su versión de «Come Together» para el soundtrack de la película.

Mini KISS

KISS tiene su propia banda de tributo compuesta por enanos. Formados en Nueva York en 1996 por un fan de toda la vida que atendía por Joey Fatale, Mini KISS pronto se hicieron muy populares, llenando recintos por doquier. En 2004 salieron de gira con A Perfect Circle, y en 2010 incluso protagonizaron un anuncio de Dr Pepper en la Superbowl junto con los KISS de verdad. Joey falleció en 2011, pero Mini KISS siguen actuando con regularidad, llevando sus mini himnos allá donde se los requiera.

Space Ace y su habilidad para cambiar de raza

Dentro del inmenso y divertidísimo despropósito que fue el film *KISS Meets The Phantom of the Park*, una de las mejores anécdotas hace referencia a un Ace Frehley de raza negra. Al parecer más de una vez el guitarrista tuvo sus más y sus menos con el director del film, Gordon Hessler, discusiones que terminaban con Ace largándose del plató en pleno rodaje. Pero en una de esas ocasiones fue reemplazado en la pantalla por un doble que no es solo que no se le pareciera en nada, ¡es que además era negro! Un superpoder, el de cambiar de raza, que nadie conocía hasta entonces.

Vetados en el homenaje a Michael Jackson

Uno de lo más bochornosos momentos en la historia reciente de KISS tuvo lugar en 2011 cuando fueron anunciados para participar en el *Michael Forever*, el concierto tributo a Michael Jackson a celebrarse en Cardiff, País de Gales, el 8 de octubre.

Anunciados el 15 de agosto, no tardaron ni veinticuatro horas los organizadores en echarse atrás ante las quejas de los seguidores de Jacko. ¿La razón?

Unas declaraciones de Gene en 2010 en las que afirmaba no tener ninguna duda de que Michael Jackson había abusado de menores.

KISS World: el parque de atracciones frustrado

Por allá 1978 KISS ideó un nuevo proyecto: un parque de atracciones itinerante, una mezcla de circo y feria a la antigua usanza que llegaría a la ciudad el día de concierto y básicamente ofrecería atracciones y eventos temáticos para niños y mayores. Yendo sus empresas y franquicias viento en popa, la idea parecía igualmente caballo ganador. Pero desafortunadamente la banda sufrió en 1979 un acusado descenso en la asistencia a sus conciertos, debido tanto a la sobreexposición como a la alienación de su base de fans original, resentida por la imagen excesivamente familiar que la banda estaba proyectando. Como resultado, el KISS World fue finalmente descartado por considerarse demasiado ambicioso y, sobre todo, demasiado arriesgado. Una verdadera lástima porque de haberse implantado tan sólo un par de años atrás, hubiera sido muy posiblemente un gran éxito.

¡Alístate!

En enero de 1975, Bill Starkey and Jay Evans, dos adolescentes de Terre Haute, Indiana, empezaron a llamar a WVTS, la emisora de radio local, pidiendo que programara a KISS. El director del programa Rich Dickerson pasó de ellos, pero los dos mozalbetes siguieron insistiendo, ahora ya autodenominándose la KISS Army.

Finalmente Dickerson cedió, colaborando con Starkey y Evans para promocionar un inminente *show* de KISS en la ciudad. Al enterarse Alan Miller, publicista de la banda, contactó con Starkey para hablar sobre ese «ejército» y pedirles que atendieran llamadas en directo en la WVTS para reclutar tantos miembros como fuera posible. El resultado: *sold out* para el *show* del 21 de noviembre, durante el cual Starkey pudo subir al escenario y recibir una placa del grupo.

De ese modo nació el club de fans oficial de KISS, uno de los más numerosos y activos del planeta. Al año siguiente Bill Aucoin pidió a Howard Marks Inc. que creara un logotipo oficial para el club, y los formularios de inscripción aparecieron por primera vez insertos en *Destroyer*. Ron Boutwell, ex jefe de *merchandising* de la banda, estimó que el club de fans en su momento de mayor popularidad ingresaba cinco mil dólares al día, llegando a tener casi cien mil miembros. El nombre se hizo tan popular con los años que pasó a definir, por defecto, a los fans de KISS en general, fueran miembros del club o no.

En portada de Playboy

El número de portadas en las que KISS ha aparecido a lo largo de su trayectoria es incontable. Publicaciones musicales de todo el mundo les han dedicado su portada en muchas ocasiones y durante todas las épocas, pero el nuevo milenio llegaba a su fin y faltaba una por conquistar: la de Playboy. Finalmente la revista de Hugh Hefner les dedicó la misma en su número de marzo de 1999, bajo el titular Sex & Music Issue: The Girls of KISS.

En primera plana Gene en traje de faena, flanqueado por tres modelos ligeritas de ropa maquilladas como los otros tres miembros de la banda. Y en el interior, por supuesto, fotografías *softcore* con más señoritas y la banda en plan picantón más un póster desplegable con las firmas de la banda. A archivar entre KISStory y los cómics de Marvel.

Abstemio y filántropo

Algunos pueden considerar –y no les faltan razones– que la personalidad de Gene Simmons es más simple que el mecanismo de un botijo. Dinero para gastar, polvetes para echar y a dormir la siesta. Eso y desbarrar casi siempre que le ponen un micrófono delante, poniendo a parir a medio orbe. Pero el carácter de The Demon, bajo esa fachada de fanfarrón y unos sólidos cimientos de cazurro reaccionario, contiene interesantes contradicciones.

Una sería su faceta abstemia, porque resulta un tanto chocante que alguien que durante tanto tiempo interpretó la vertiente más diabólica de KISS y vivió una escena llena de excesos, no haya probado las drogas ni el alcohol en toda su vida. Y otra sería su faceta solidaria, con repetidas y abundantes contribuciones a diversas ONG y asociaciones benéficas, especialmente a favor de niños en países en desarrollo. Y es que incluso el peor de los demonios tiene su corazoncito.

La receta del tío Gene para vomitar sangre

Si en un principio surgieron teorías de lo más divertido –y disparatado– respecto a cómo conseguía Gene escupir sangre en directo, la realidad es que se trata simplemente de un mejunje que tiene preparado tras el escenario al que acude cuando las luces se apagan, toma un gran sorbo y vuelve al escenario con el contenido en la boca. Las luces se encienden y ahí está The Demon como si no se hubiera movido, golpeando el bajo y babeando o escupiendo sangre de pega.

Si alguno de ustedes quiere probarlo para amenizar la próxima cena de Nochebuena con su familia política, tomen nota de la receta original:

• 6 huevos, con cáscaras y todo
• 1/2 taza de yogur de fresa Danone.
• 1/3 taza de requesón (preferiblemente con piñas)
• 4 chorros de colorante alimenticio rojo
• 1/2 taza de jarabe de arce Aunt Jamima (extra espeso)
• 3 cucharadas colmadas de jarabe de maíz

En una cacerola verter los huevos (con cáscaras), el yogur, el requesón, el jarabe de arce y el almidón de maíz. Calentar a fuego lento durante quince minutos, removiendo con frecuencia. Agregue colorante, remueva y cubra.

Cocínelo durante cinco minutos más, o hasta que la mezcla tome la consistencia de la flema. Suficiente para dos conciertos. Rico, rico.

4.
DISCOGRAFÍA DE KISS

DISCOS EN ESTUDIO

Kiss
8 de febrero de 1974

Casablanca Records

*Strutter / Nothin' to Lose / Firehouse / Cold Gin / Let Me Know / Kissin'
Time / Deuce / Love Theme from KISS / 100,000 Years / Black Diamond*

Un redoble de batería e inmediatamente un *riff* que se te clava al instante en
el córtex y hace que empieces a sacudir la cabeza. Así empieza «Strutter»,
sobre el armazón de un tema de Gene anterior a KISS («Stanley the Parrot»)
con nueva letra a cargo de Paul, y con él un disco llamado a ser legendario.
Grabado entre octubre y noviembre de 1973 en los estudios Bell Sound de
Nueva York, se podría decir que muy pocos, casi ningún álbum posterior de
la banda albergaría tal cantidad de futuros clásicos.

«Nothin' To Loose», la segunda canción y primer sencillo extraído del álbum es un rock and roll potente y vacilón escrito por Gene, una encantadora historia de sexo anal con final feliz con la colaboración (en la canción, no en la sodomía) de Bruce Foster al piano. Un fijo en su repertorio de los setenta al que sigue otro de sus temas insignia, «Firehouse», que en directo incluiría el famoso número de tragafuegos de Gene y tras cuyas sirenas finales llega «Cold Gin», otro de sus temas estrella de todas las épocas. Escrita por Ace mientras viajaba en el metro, su inconfundible *riff* y la voz de Simmons –a petición del propio Ace, que no se sentía seguro en tareas de vocalista– cantándole a las propiedades de la ginebra helada como precursor de la Viagra pasa por ser, además, uno de sus temas más versionados por otros artistas. La cara A se cierra con «Let Me Know», un dinámico número cuya importancia histórica viene dada por ser la canción que Paul le tocó a Gene la primera vez que se conocieron.

«Kissin' Time», la versión del *hit* de Bobby Rydell en 1959 que abre la cara B, no apareció en la primera tirada del disco, sino que fue grabada, editada como single en mayo y añadida al álbum en una tirada posterior en julio, como un intento de relanzar las ventas, muy por debajo de las previsiones de Casablanca, sin conseguirlo. La segunda cara se completa con un gran tema comandado por el bajo de The Demon –«100,000 Years»-, un correcto instrumental –«Love Theme from KISS»– cuyo principal interés es ser el único tema de la banda firmado por los cuatro miembros originales y dos nuevos bombazos imprescindibles como «Deuce» y «Black Diamond». El primero con esos inmortales versos iniciales: Get up / And get your grandma outta here / Pick up / Old Jim is workin' hard this year / And baby / Do the things he says to do (Levántate / Y saca a tu abuela de aquí / Recoge / al viejo Jim que está trabajando duro este año / Y nena / Haz las cosas que dice que hagas), vociferados por un Simmons que siempre dijo no tener ni puñetera idea de a qué se referían y el segundo con una intro suave a cargo de Paul, que canta una melodía a lo Zeppelin acompañado de una guitarra de doce cuerdas para dar paso en unos segundos a toda la banda, con el lucimiento de Peter como vocalista y muy especialmente de Ace con uno de sus más característicos solos. Broche de oro para una obra maestra, sin paños calientes ni matices. Magistral y punto.

«El primer disco fue la primera vez que nos quedamos preñados, –comentó Gene con su habitual buen gusto para las metáforas– el bebé nació y salió eso», lamentándose en parte del escaso presupuesto del que dispusieron (el disco fue grabado en un dieciséis pistas) pero a la vez reconociendo que es un gran disco.

Hotter than Hell
22 de octubre de 1974

Casablanca Records

*Got To Choose / Parasite / Goin' Blind / Hotter than
Hell / Let me Go, Rock'n'Roll / All The Way / Watchin'
You / Mainline / Comin' Home / Strange Ways*

El segundo disco de KISS es el álbum de la añoranza y el vicio, de la desu-
bicación y el libertinaje, el disco de cuatro neoyorkinos en plena gomorra
angelina sucumbiendo a las tentaciones de los salvajes setenta y echando de
menos el hogar. Y pese a todo ello, es un enorme trabajo. Tal vez no a la
altura de su debut, pero no le anda muy a la zaga. Repitiendo con el mismo
equipo técnico del primer disco, aunque esta vez grabando en los estudios
The Village Recorder de L. A., y con muy poco material en la mochila, los
cuatro enmascarados se sacarían de la manga diez temas en tiempo récord,
la mitad de los cuales como mínimo son de sobresaliente.

El disco no podía empezar mejor que con «Got To Choose», un típico
tema *made in* Stanley cuyo *riff* asegura haber tomado prestado de «Nine-
ty-Nine and a Half (Won't Do)», una canción de Wilson Pickett en versión
de Boomerang, la banda del ex Vanilla Fudge Mark Stein. Paul contribui-
ría con tres temas más, «Mainline» (con Peter a la voz), «Comin' Home»
(coescrito con Ace) y el tema que titula el disco, en el que las influencias de
Free, uno de sus reconocidos referentes, son más evidentes que nunca. Sim-

mons por su parte aportaría dos nuevos títulos a su repertorio de directo con «Let me Go, Rock'n'Roll», –editada como único single del álbum– y «Goin' Blind», una vieja canción escrita a medias con su viejo compinche Steve Coronel en la que ambos muestran su afición por el modo de componer de bandas como Mountain o Cream y sus características progresiones de acordes.

Ace por su parte, aparte del tema con Paul colaboró con dos de sus trallazos más heavies hasta la fecha: «Parasite» y «Strange Ways», aunque de nuevo, inseguro ante sus capacidades como vocalista, dejaría que fueran Gene y Peter respectivamente los que se encargaran de llevar la voz cantante.

Hotter than Hell tampoco conseguiría el éxito esperado pero ayudó a la banda a ganar más experiencia en el estudio a la vez que ampliaba su repertorio. En la parte gráfica, el disco marcó un hito con la iconografía japonesa de portada por un lado y las disolutas imágenes en la contra, tomadas durante una fiesta pasada de vueltas en la que el alcohol, las drogas y el sexo camparon a sus anchas. «Fue como una de esas películas de Fellini, *Satiricón*, muy extraño todo pero muy grande al mismo tiempo», recordaba Paul, que reconoce acabar la juerga completamente inconsciente. Tiempos salvajes como decíamos, y como demuestra también el accidente que sufrió Ace conduciendo borracho (el primero de una larga lista a lo largo de su carrera) por las colinas de Hollywood y del que salió con media cara como un mapa, lo cual provocó que sólo se pudiera maquillar medio rostro en las sesiones fotográficas para el disco. La otra mitad, según Gene, fue superpuesta por el departamento de diseño.

Dressed to Kill
19 de marzo de 1975
Casablanca Records

Room Service / Two Timer / Ladies in Waiting / Getaway /
Rock Bottom / C'mon and Love Me / Anything for My Baby
/ She / Love Her All I Can / Rock and Roll All Nite

Los problemas arreciaban en Casablanca. *Hotter Than Hell* no tiró del carro como se suponía y los seguidores de la banda no parecían estar creciendo, a pesar de la cantidad de tiempo que KISS pasaba en la carretera. Las órdenes pues eran volver a Nueva York y producir otro disco en el menor tiempo posible. Con unas demos grabadas en los Larabee Studios de L. A. como punto de partida, entran en los –ya familiares– Electric Lady y empiezan a trabajar en un nuevo álbum provisionalmente titulado *KISS at Midnight*.

Aun sin el tiempo suficiente para desarrollar ideas debido a la presión, KISS superó la prueba con nota. Primero con dos canciones de Wicked Lester –«She» y «Love her All I Can»-, dos balas en la recámara cuya inclusión ya fue planteada en los álbumes anteriores. «She», escrita por Gene y Steve Coronel y que se remontaba a la época de Bullfrog Bheer, llevaba tiempo como parte de su set en directo, evolucionando desde el *riff* inicial de Coronel a una nueva estructura, perdiendo las flautas originales de Brooke e inspirándose en el «Five To One» de The Doors para el solo de Ace.

«Love Her All I Can», por su parte, «comenzó con una parte de guitarra que fue inspirada o robada, dependiendo de cómo se quiera ver, por el inicio de "I Can't Explain" de The Who», explica Paul, y al igual que «She» retuvo parte de la esencia que tenía cuando lo grabó Lester, aun con elementos de transición añadidos a lo largo de su época de clubs.

Las prisas y la escasez de material se apreciarían en detalles como la falta de solos en muchas canciones: «íbamos por el contenido de la canción y realmente no pensábamos en elaborarla musicalmente, ya significara solos o cualquier otro relleno», explicó Paul, o en la intro acústica de casi dos minutos para «Rock Bottom». Otra característica del disco es el intercambio de instrumentos entre ellos. Así, Paul debutaría como guitarra solista en la primera parte de «C'mon And Love Me», un tema inspirado por los particulares acordes del «Question», de los Moody Blues, mientras que Gene se encargaría también de las seis cuerdas en «Ladies In Waiting» y Ace tomaría el bajo –algo que ya había hecho en ocasiones anteriores como en «Parasite»– también en alguna que otra canción. El Spaceman por cierto, tras sus notorias contribuciones en *Hotter Than Hell*, para esta ocasión sólo aportó una canción completa a las sesiones, «Getaway» (cara B de los dos singles del álbum por cierto, algo un tanto insólito) la cual, una vez más, cedería a Peter para que la cantara.

Dressed to Kill dejaría lo mejor para el final, empero. Espoleados por Neil Bogart para que crearan un himno que los fans pudieran hacer suyo, al estilo del «I Want To Take You Higher» de Sly and the Family Stone, Paul y Gene –como harían tantas veces– fundieron dos ideas distintas y parieron un clásico instantáneo. Al final de la gira de *Hotter Than Hell* Paul había escrito un coro en el Continental Hyatt Hotel de Sunset Strip en L. A. Según cuenta, «cuando se me ocurrió ese estribillo de "rock and roll all night, and party every day", llamé a la puerta de Gene y dije: "Creo que lo tengo, tengo ese himno que necesitamos", y Gene dijo: "Bueno, yo tengo esta canción, "Drive Us Wild"».

Y así, con los versos del tema de Gene y el inmortal estribillo de Paul, nacería la canción que posiblemente mejor defina a KISS y lo que representa para millones de fans en todo el mundo.

Destroyer
15 de marzo de 1976
Casablanca Records

Detroit Rock City / King of the Night Time World / God of Thunder / Great Expectations / Flaming Youth / Sweet Pain / Shout It out Loud / Beth / Do You Love Me / Rock and Roll Demons

Salvando todas las distancias posibles, *Destroyer* vendría a ser para KISS lo que *End of The Century* supuso para los Ramones. De acuerdo, Bob Ezrin no estaba ni de lejos tan chalado como Phil Spector, ni blandía armas de fuego ante sus músicos, pero ambos discos comparten un inusual protagonismo del productor, unos métodos de trabajo similares y suponen un sensible cambio de registro respecto al material anterior.

Su disco más sofisticado hasta el momento coincidió además con un estado de inspiración compositivo abrumador ya desde la inicial «Detroit Rock City», con la famosa intro cortesía de Ezrin, su inolvidable *riff* y las influencias fla-mencas del solo de Ace. Un clásico absoluto que, por suerte, no sería el único. «King of the Night Time World» –original de Kim Fowley y Mark Anthony, mánager y guitarra de The Hollywood Stars respectivamente– es llevada a su terreno con insultante facilidad, para dar paso a continuación a uno de los temas insignia de Gene, «God of Thunder», el cual, paradójicamente, fue escrito por Paul. Tal como Gene apunta: «Las canciones de Paul siempre eran un poco

más ágiles y felices, y las mías siempre eran más oscuras y sombrías. Así que a veces nos cachondeábamos el uno del otro hasta que Paul me dijo "Cualquiera puede escribir una canción de Gene Simmons". Y para probarlo regresó al día siguiente con "God of Thunder". Unos cuantos cambios en letra y arreglos para "demonizar" un poco más el asunto y listo, otro incunable para la colección».

Pero donde los arreglos y las orquestaciones de Ezrin alcanzarían su punto álgido sería con la canción que cierra la primera cara. Gene había escrito «Great Expectations» al bajo, con una estructura sencilla de aires a lo Beatles que en las garras del productor se convirtió en una mini sinfonía que saqueaba sin disimulo la *Sonata n.º 8 en do menor, Op. 13* de Beethoven, más conocida como *Patética*, y que además fue grabada por una orquesta y los chicos del coro de Brooklyn en una bombástica sesión ante la prensa en los estudios A&R.

En la cara B dos buenos temas —«Sweet Pain» y «Do You Love Me»— compartían espacio con tres auténticas joyas. «Flaming Youth» era un compendio de retazos aportados por Gene, Paul y Ace y encajados por Ezrin, que se permitió incorporar un calíope (especie de organillo decimonónico de reminiscencias circenses) para aportar más matices al tema. La segunda gema en la corona es «Shout it out Loud», compuesta en el piano del apartamento de Ezrin con Paul y Gene buscando un *feeling* a lo Motown, algo parecido a lo que hacían los Four Tops (y consiguiéndolo a su estilo), mientras que el diamante en bruto, el patito feo del disco que acabó adelantando a todos por la derecha fue «Beth», la primera balada de su historia, escrita y cantada por Peter. La guinda de un gran disco que además consiguió en los *charts* lo que ningún otro sencillo hasta entonces, y muy pocos en el futuro.

Rock and Roll Over
11 de noviembre de 1976

Casablanca Records

I Want You / Take Me / Calling Dr. Love / Ladies Room /
Baby Driver / Love'Em and Leave'Em / Mr. Speed / See You
in Your Dreams / Hard Luck Woman / Makin' Love

Las sesiones en el Nanuet Star Theatre, reconvertido en estudio para la ocasión, tuvieron en Eddie Kramer al arquitecto idóneo para lo que la banda tenía en mente, que no era otra cosa que un cierto retorno a terrenos más familiares y conocidos, un regreso al rock básico y potente de sus inicios, desprovisto al máximo de artificios.

Entre el 30 de septiembre y el 16 de octubre KISS grabarían diez nuevos temas de los cuales pocos pasarían a ser fijos en su repertorio, pero al mismo tiempo los agruparían en un álbum que pasa por ser de los más apreciados y reivindicados por parte de los fans más veteranos. El clásico disco considerado erróneamente «menor» pero por el que muchos artistas matarían. Y no sólo por piezas indiscutibles como «Calling Dr. Love» o «Hard Luck Woman», el tema que Paul escribió pensando en Rod Stewart y del que se acabaría apropiando Peter, sino por esfuerzos tan notables como «I Want You» y «Love'Em and Leave 'Em» (una pura declaración de principios) o barbaridades del calibre de «Makin' Love». Esta última en concreto y siendo Paul un fan confeso de Led Zeppelin, se revela como un puro homenaje a

«Whole Lotta Love», un guiño de reconocimiento y admiración a sus ídolos y posiblemente la canción más zeppeliniana de todo su repertorio.

Porque aunque KISS pudieran parecer (y lo eran y son, no nos engañemos) altivos y arrogantes, nunca les han dolido prendas a la hora de confesar su pleitesía hacia aquellos artistas que los marcaron en sus primeros pasos. Hablando del tema que abre el disco, por ejemplo, Paul confesaba que «escribí "I Want You" en medio de una prueba de sonido en Inglaterra, durante nuestra primera gira por allí. Había algo especial y mágico en estar en algunos de aquellos escenarios, porque todos mis héroes habían tocado allí. Estábamos en algún escenario y alguien decía "Los Beatles tocaron aquí", o "Zeppelin tocó aquí" y de algún modo tratabas de convocar a los espíritus para que entraran en tu cuerpo. "I Want You" surgió en uno de esos momentos».

Los temas menos recordados del disco, caso de «Mr.Speed», «See You in Your Dreams» (que Gene recuperaría dos años después para su disco en solitario) o el aporte de Peter con «Baby Driver» (como «Beth», original de los tiempos de Lips) en ningún caso descompensan el conjunto sino todo lo contrario: ejercen de argamasa para que todas las piezas encajen y el peso se reparta de forma equitativa.

Rock and Roll Over es en definitiva un disco sólido y compacto en extremo, cargado de guitarras, volumen y sexo a raudales (Paul y Gene parecen competir por conseguir el trofeo a fornicador del año) y editado en un momento en el que la banda estaba pletórica. Reventaban estadios, viajaban a bordo de su propio avión privado, (un Boeing 747 bautizado como Clipper KISS) y se podían permitir, como megaestrellas, hacer prácticamente lo que les diera la gana. Con *Rock and Roll Over* lo hicieron, y además lo hicieron con sinceridad, algo que no siempre sería así.

Love Gun
30 de junio de 1977

Casablanca Records
*I Stole Your Love / Christine Sixteen / Got Love for Sale /
Shock Me / Tomorrow and Tonight / Love Gun / Hooligan /
Almost Human / Plaster Caster / Then She Kissed Me*

Love Gun es un disco especial por diversas razones. Primero, por ser el primero en el que Ace canta un tema y, por ende, el primero en que los cuatro aportan voces solistas. Segundo porque sería el último en el que Peter participaría de forma completa. Y tercero porque con él se cierra la etapa más clásica de la

banda. Vendrían otras, mejores y peores, pero ninguna tan legendaria como la que, inconscientemente, cerraría este álbum.

Repitiendo con Kramer y con la voluntad de continuar en la senda del sonido de *Rock and Roll Over*, el nuevo trabajo de KISS los encontraba de nuevo pletóricos a la hora de sentarse a escribir. Paul volvería a lograrlo con una dupla prácticamente imbatible: «I Stole Your Love» y el tema que titula el disco. El primero, influenciado según él por el clásico «Burn» de Deep Purple (a su vez basado en un viejo estándar de Gershwin titulado «Fascinating Rhythm») y el segundo, reverso del anterior y que pasa por ser uno de sus propios temas preferidos, la canción que asegura más disfruta tocando.

Y Gene no se quedaría atrás, por supuesto. Tanto «Christine Sixteen», cuya demo fue grabada junto a unos por entonces desconocidos Eddie y Alex Van Halen, como la definitiva oda a las *groupies* que es «Plaster Caster» son dos pegadizos himnos de rock and roll clásico, reflejo de la vertiente más lúbrica y distendida del dios del trueno.

El disco vería también el regreso por todo lo alto de Ace en tareas de composición con «Shock Me», tanto por contener uno de sus mejores *riffs* (y un solo que no le va a la zaga) como por ser su debut como vocalista. Finalmente se dejó convencer por Paul y Gene, pero para conseguir el tono y timbre adecuados –y nervioso como estaba– cuentan las crónicas que grabó la voz tendido de espaldas en el suelo del estudio. Una lástima que, como de tantas otras cosas, no haya quedado un testimonio audiovisual de ese momento.

Peter recurriría de nuevo a su cancionero previo junto a Penridge para aportar uno de sus clásicos números en «Hooligan», y el lienzo quedaría completo con dos contribuciones menores de Gene –«Almost Human» y «Got Love for Sale»– y un fallido intento de Paul por escribir una segunda parte de «Rock and Roll All Nite» titulado «Tomorrow and Tonight» (según él, inspirado en ciertas partes del «Golden Days of Rock and Roll» de Mott The Hoople).

Sobre la versión del «Then He Kissed Me» popularizado por The Crystals en 1963 y rebautizado como «Then She Kissed Me», tal vez lo mejor sea correr un tupido velo. Hay cosas –especialmente si son pequeñas obras maestras como en el caso del tema de Spector– a las que o bien te acercas con respeto e inspiración, como hicieron los Beach Boys en 1965 con «Then I Kissed Her», o mejor no lo intentes.

En cualquier caso, ese pequeño borrón no desluce un grandísimo álbum, otro imprescindible en su carrera hasta el momento.

Paul Stanley
18 de septiembre de 1978
Casablanca Records

Tonight You Belong to Me / Move on / Ain't Quite Right / Wouldn't You Like to Know Me? / Take Me Away (Together As One) / It's Alright / Hold Me, Touch Me (Think of Me When We're Apart) / Love In Chains / Goodbye

Si Paul hizo algo y lo hizo bien en su disco en solitario fue nadar y guardar la ropa. Dicho de otra manera, lo que el Starchild les dijo a los fans de KISS con su disco fue «que se arriesguen los otros». Su disco era el trabajo más próximo

no sólo al clásico sonido de KISS, sino al sonido que la banda estaba desarrollando justo antes de las cuatro aventuras en solitario. Una receta sobre seguro,
compuesta de hard rock y melodías más o menos pegadizas que hasta el fan
más obtuso podía archivar en la K sin despeinarse. No obstante nuestro hombre tuvo los suficientes bemoles para declarar que «lo que quería era trasladar
a este disco lo que nunca había conseguido llevar a los álbumes de KISS como,
por ejemplo, acentuar las melodías a la hora de cantar». Vamos, que te enchufo
lo de siempre y te lo vendo como nuevo. No cuela, Paul, ni falta que hace.

Trabajando las demos junto a Bob Kulick y tras la negativa de Ron Nevison a encargarse de la producción por compromisos de agenda, se hizo con
los servicios de Jeff Glixman para dar cierto lustre a unas canciones que com-
binaban guitarras afiladas con su clásico sentido del pop e incluso aventura-
ban meneos disco que no tardarían en consolidarse. Correctos trallazos como
«Goodbye», «It's Allright», «Move on» o el single «Hold Me, Touch Me
(Think of Me When You're Apart)» consiguieron que los fans de KISS le
dieran un ok que tampoco iría mucho más allá. Fue una especie de visto bueno, un «no nos has defraudado pero tampoco nos has volado la cabeza» que
lo haría llegar hasta un tibio puesto cuarenta en el US Billboard. Finalmente
lo que Paul siempre había detestado (no estar ni con los odiados ni con los
encumbrados, sino por ahí en medio), lo había conseguido involuntariamente
con la primera oportunidad que tuvo de volar en solitario. Aun así, su álbum
fue, tras el de Ace, el más inspirado del póquer.

Gene Simmons
18 de septiembre de 1978
Casablanca Records

*Radioactive / Burning Up With Fever / See You Tonite / Tunnel
of Love / True Confessions / Living In Sin / Always Near You
/ Nowhere To Hide / Man of 1.000 Faces / Mr. Make Believe
/ See You In Your Dreams / When You Wish upon a Star*

Es muy posible que incluso a día de hoy Gene no sepa qué demonios pretendía
cuando entró a grabar el disco a su nombre. Epatar, posiblemente, pero lo hizo
de modo tan deslavazado, tan ausente de una mínima coherencia y lógica interna que lo que entregó finalmente fue una indigesta macedonia que se movía
entre soul de manual –«True Confessions»–, saqueos a los Beatles –«Man of
1.000 Faces», «See You Tonite»–, folk correctito –«Mr. Make Believe»– y au-

toparodias como «Living in Sin», por no hablar de incluir «When You Wish Upon a Star», de la banda sonora del Pinocho de Disney. Una relectura del «See You In Your Dreams» de *Rock and Roll Over* (según él, porque no quedó contento con el resultado en aquel disco) y un decente tema de rock sin aderezos —«Radioactive», originalmente compuesto por Gene para Jerry Lee Lewis y único single del álbum— completaban un trabajo producido por Sean Delaney y plagado de amiguitas y amigotes invitados (Bob Seger, Cher, Donna Summer, Rick Nielsen, etc) que no hicieron sino magnificar el batiburrillo.

Un diáfano ejemplo de megalomanía mal digerida, de creerse capaz de tocar todos los palos sólo porque te dejan tocar todos los culos y de acabar perpetrando un híbrido que no resulta ni siquiera malo, sino simplemente demasiado raro. Pero como casi siempre en la historia de KISS, las cosas se manifestaron de modo tan extraño e inesperado que Gene logró que su disco fuera el más exitoso en términos de ventas, subiendo hasta un más que notable puesto veintidós en listas.

Ace Frehley
18 de septiembre de 1978
Casablanca Records

Rip It out / Speedin' Back To My Baby / Snow Blind /
Ozone / What's on Your Mind? / New York Groove / I'm
In Need of Love / Wiped-out / Fractured Mirror

La partida a cuatro bandas tuvo un claro e indiscutible ganador: Ace. Muchos apostaban por él *a priori*, pero lo que no imaginaban es que su disco estuviera tan por encima del resto. Sin apenas injerencias externas y ocupándose él solito de guitarras, bajo y voz (tan sólo Anton Fig y algún otro invitado se encargarían de las baquetas), el señor Frehley se sacó de la mano nueve auténticos trallazos de hard rock con una terna inicial que te dejaba levitando hasta que llegabas a la vacilona e irresistible versión del «New York Groove» de los británicos Hello, de la que se apropió sin problemas y ya para siempre.

Eddie Kramer, con quien Ace siempre se había sentido en sintonía, se encargó de los controles e hizo como siempre un gran trabajo, recompensado con el éxito del disco entre los fans de la banda. Tiempo después Eddie recordaba que «yo no tenía la menor duda de que la competencia entre Ace, Gene, Paul y Peter iba a ser enorme. Y ciertamente los otros tres rechazaron desde el principio la posibilidad de que Ace pudiera hacer un buen álbum. Gene, Paul y Peter estaban convencidos de que iban a ser ellos los que hicieran el mejor disco… y lo que pasó fue que Ace les eclipsó a todos con un trabajo brillante».

Brillantísimo, podría decirse. Cargado de electricidad, de ritmo y groove, tan fresco como adictivo, el puñetazo en la mesa de Ace llegó a un muy notable puesto veintiséis en el Billboard, acompañado por la tremenda popularidad de «New York Groove», sin duda el single más popular de entre los cuatro.

Peter Criss
18 de septiembre de 1978
Casablanca Records

I'm Gonna Love You / You Matter To Me / Tossin' and Turnin' / Don't You Let Me Down / That's The Kind of Sugar Papa Likes / Easy Thing / Rock Me, Baby / Kiss the Girl Goodbye / Hooked on Rock `N' Roll / I Can't Stop the Rain

Todavía con el bombazo de «Beth» percutiéndole en las sienes (junto a otras sustancias), Peter se enfrentó a su trabajo en solitario convencido de que iba a arrasar. Siendo como era el mayor de los cuatro, su bagaje y gustos musicales echaban la vista más atrás que los del resto. Unos gustos por el soul, el jazz y el rhythm and blues que nunca había escondido y que ahora, creía, podría por fin plasmar en un gran disco a su nombre. Un error de cálculo de los que hacen historia, porque el fan de KISS en 1978 no estaba para esos menesteres.

El Catman facturó un álbum de marcado carácter retro repleto de orquestaciones y coros souleros tomando como base mucho material antiguo, perteneciente a su anterior banda Lips, pero una vez en la calle poquísimos fans de la banda más caliente del mundo entendieron aquel artefacto pop de inequívocas intenciones baladísticas. Peter sobrevaloró sus capacidades como *crooner* y entregó un disco sin duda fallido al que, eso sí, hay que reconocerle una sinceridad absoluta. Podía haber fallado en estrategia y expectativas, pero ni uno solo de los fans de KISS podía negar que era un álbum hecho con las entrañas. El Billboard no obstante no puntúa intenciones, y el disco en solitario de Peter se quedó en un lejano puesto cuarenta y tres de la lista.

Dinasty
23 de mayo de 1979
Casablanca Records

I Was Made for Lovin' You / 2,000 Man / Sure Know
Something / Dirty Livin / Charisma / Magic Touch /
Hard Times / X-Ray Eyes / Save Your Love

Tal y como confiesa abiertamente Paul en su autobiografía, lo máximo que hicieron los cuatro discos en solitario fue poner una tirita en una herida abierta. Simplemente pospusieron algo que era inevitable: la destrucción de la formación original.

Cuando llegó el momento de entrar en el estudio, el primero en alborotar el gallinero fue Peter, insistiendo en que el productor fuera el de su álbum en solitario, Vini Poncia, pero el tiro le salió por la culata. Paul y Vini congeniaron de inmediato, de hecho el *frontman* se lo llevó a vivir a su apartamento y, según Peter, le puso en contra de él.

Sea cierto o no, ambos (con el voto a favor de Gene) decidieron que Peter estaba fuera del álbum, y que de las sesiones se encargaría Anton Fig (batería en el álbum solo de Frehley), dejando a Peter tan sólo participar en «Dirty Livin». Pese a aparecer en la portada y unirse a la gira subsiguiente, las horas de Peter en KISS estaban contadas.

A Ace no le sentó nada bien, pero ello no redundó en la calidad de sus aportaciones. Tanto la acertada versión del «2.000 Man» de los Stones como el tema que cierra el disco, «Save Your Love» y sobre todo la semiautobiográfica y extremadamente pegadiza «Hard Times» cumplen de sobras, y más en comparación con lo que se trajo Gene de casa: apenas dos olvidables, flojísimos temas –«Charisma» y «X-Ray Eyes»– que no cumplen los mínimos exigibles. Al menos lo reconoció tiempo después en *Behind the Mask*, al afirmar «Creo que perdimos el sentido de lo que estábamos haciendo. Éramos una banda de guitarras y, de repente, los sintetizadores comenzaron a aparecer».

Y quien trajo los sintetizadores se apellidaba Stanley, que pasaba más de un rato y de dos en el ultra-cool Studio 54 y que veía que eso de la música disco pegaba fuerte. Así que una noche llegó a casa, puso una caja de ritmos a 126 pulsos por minuto y escribió «I Was Made for Lovin' You». ¡Diana! El tema, comandado por un bajo chispeante y un inconfundible aroma a disco music a lo Bee Gees se convirtió en un éxito de radio masivo en todo el mundo, a la vez que marcaba el inicio de una larga colaboración de la banda con el compositor Desmond Child, el chico de oro de los ochenta. El segundo single del álbum, «Sure Know Something», puede que fuera incluso mejor, combinando las mismas influencias pop y disco con el sonido de guitarra habitual de la banda, pero no logró el impacto de su antecesor.

El resultado: pelotazo en los *charts*, el último antes de una larga travesía por el desierto.

Unmasked
29 de mayo de 1980

Casablanca Records

*Is That You? / Shandi / Talk to Me / Naked City / What Makes
the World Go 'Round / Tomorrow / Two Sides of the Coin / She's So
European / Easy as It Seems / Torpedo Girl / You're All That I Want*

Tiempos extraños para KISS. El gran éxito de *Dynasty* trajo adjunto un potente edulcorante para su acerado sonido hard rock, adentrándose en la música disco, el funk e incluso el AOR, y para *Unmasked* decidieron virar en cierto
modo hacia el power pop y la entonces boyante new wave.

Una deriva hacia el pop de la que Vini Poncia, de nuevo productor y pre-
sente en los créditos de más de la mitad de las canciones, se lavaba las manos:
«No fue idea mía llegar y cambiar nada. Querían averiguar si podían trabajar
en esa área del pop y ser eficaces». En realidad quien más se lo trabajó fue
Paul, con Gene absolutamente perdido, haciéndose a un lado y apenas pro-
porcionando material y con Peter literalmente desaparecido. ¿Y Ace? Bueno,
no se puede decir que temas como «Two Sides of the Coin» o «Talk to Me»
(«Torpedo Girl» mejor la dejamos como la broma que es) suban demasiado
la media, pero como siempre, especialmente en los momentos más bajos, se
las arregló para eclipsar al resto agregando las suficientes guitarras distor-
sionadas a la mezcla final como para obtener un sonido que puede recordar
–aunque sea de lejos– a los Stones de la época *Some Girls*.

Viéndolo en perspectiva, el problema de *Unmasked* no es tanto el género escogido para tratar de evolucionar sino la falta de garra en la producción por un lado y la poca inspiración compositiva por otro.

Porque incluso las canciones *a priori* más pegadizas del disco, «Tomorrow» o «What Makes the World Go 'Round», cortesía de Paul y Vini, o la versión del «Is That You?» de Gerard McMahon que abre el disco –por cierto, el single de esta canción es uno de los mayores fetiches para los coleccionistas, ya que se editó en pocos países y en tiradas muy limitadas –no consiguen quedarse en tu cabeza una vez se levanta la aguja del vinilo. Y un disco de KISS, un buen disco de KISS, siempre te deja tarareando más de un estribillo, más de un verso, más de un *riff*.

Tal vez lo más curioso del disco sea que el primer sencillo del álbum, una infecciosa balada titulada «Shandi» que apenas llegó al número cuarenta y siete en el US Billboard, fuera un insólito y descomunal éxito en Australia. Misterios del *show business*.

Music from «The Elder»
10 de noviembre de 1981
Casablanca Records

The Oath / Fanfare / Just a Boy / Dark Light / Only You / Under The Rose / A World Without Heroes / Mr. Blackwell / Escape from the Island / Odyssey / I / Finale

No existe mucho consenso sobre quién tuvo la estrambótica idea de componer, grabar y editar un disco conceptual en pleno 1981, un disco que para más inri iba a ser la banda sonora de un film titulado *The Elder*, que nunca llegó a rodarse. Algunas fuentes dicen que fue Bill Aucoin, otras que la iniciativa partió de Gene y Paul, y no pocos afirman que Ace se opuso frontalmente al proyecto. Pero… ¿de qué iba en realidad Music From «The Elder»?

Escuchando el disco desde «The Oath» hasta «Finale», uno puede adivinar algo parecido a la historia de un joven que no sabe si merece el honor que le ha sido concedido por The Elder, una especie de logia también conocida como The Order of The Rose, de ser su paladín. El joven luchará contra un malvado personaje que atiende por Mr. Blackwell, salvará una princesa o algo así y acabará decidiendo que sí, que acepta la responsabilidad otorgada por La Orden y estos deciden que el chaval está preparado, no se sabe si para una eventual secuela o para qué. Resumiendo, una bonita empanada mental

que mezcla espada y brujería, épica y ocultismo de cartón piedra que además, en lo musical, apenas si tiene un mínimo nexo común con la música de KISS. Y no tanto por las estructuras pseudo progresivas, los pasajes hablados o los arrebatos metálicos sino por el tono general, tan pretenciosamente pomposo como alejado de ese high energy rock and roll que (casi) siempre fue su marca de fábrica.

Y es que de nuevo tan sólo Ace, aportando sus característicos *licks* y su identificativa voz en «Dak Light», ofrece algo que suena a los KISS de siempre. El resto, incluyendo los dos temas —«A World Without Heroes» y «Mr. Blackwell»— en los que colaboró líricamente alguien tan improbable en su universo como Lou Reed, es un continuo quiero y no puedo poblado de falsetes imposibles y de tics sinfónicos absolutamente fuera de lugar.

Por supuesto el álbum se pegó un batacazo morrocotudo, la banda se olvidó de él de inmediato y sólo el tiempo fue creando un halo de culto a su alrededor entre ciertos fans, que empezaron a considerarlo un experimento fallido pero con momentos interesantes. Un proceso de revalorización que se vio recompensado en 1995, cuando la banda se arrancó con «A World Without Heroes» por primera vez en directo, en el marco de su legendario *show* acústico en la MTV.

Creatures of the Night
13 de octubre de 1982
Casablanca Records

Creatures of the Night / Saint and Sinner / Keep Me Comin / Rock and Roll Hell / Danger / I Love It Loud / I Still Love You / Killer / War Machine

Con *Creatures of the Night* por fin llegó el regreso al hard rock que llevaban prometiendo desde hacía tiempo. Con la incorporación de Vinnie Vincent sustituyendo a un Ace en fuera de juego y con Eric Carr como reemplazo definitivo de Peter, su sonido se endureció como nunca. Por otra parte todas las canciones están coescritas con una variedad de compositores. Finalmente Paul y Gene se habían dado cuenta de que no eran Lennon y McCartney y que funcionaban mejor escribiendo con otros. Escribiendo o «tomando prestado», porque por ejemplo «Rock and Roll Hell» es un tema original de Jim Vallance, habitual colaborador de Bryan Adams, cedido a Bachman Turner Overdrive para su disco de 1979 *Rock and Roll Nights*, que él mismo produjo; «War Machine», otro tanto, una canción compuesta por Vallance y Adams que al igual que la anterior aparece en *Creatures of The Night* coescrita por Simmons, cuando lo que hizo en realidad The Demon fue añadir un par de versos nuevos a cada canción para así aparecer como coautor y cobrar parte de los derechos.

Tretas aparte, lo cierto también es que Simmons, tras varios discos en la inopia, volvió a mostrarse inspirado en temas como «Killer» o «Saint and

Sinner» y absolutamente pletórico en «I Love it Loud» (a medias con Vincent) y, por la parte que le toca, «War Machine».

Paul por su parte subió el tono acorde con el disco, y entregó el tema homónimo, «Keep Me Comin» y «Danger» sin bajar el pistón en cuanto a energía y agresividad. De hecho, hasta la balada oficial del disco, «I Still Love You», tiene muy poco que ver con ejemplos anteriores, renunciando al azúcar y ofreciendo seis potentes y oscuros minutos de hard rock calidad superior.

Por temas contractuales en la portada original todavía aparecería Ace junto a Paul Gene y Eric con su maquillaje de zorro. Y decimos original porque la reedición del álbum en 1985 daría lugar a uno de los momentos más ridículos de su historia: para capitalizar el éxito de *Lick It Up* y *Animalize*, Mercury reeditó el álbum cambiando el orden de los temas y remezclando otros tantos –a peor– pero es que además, crearon una nueva portada con la imagen de la banda por entonces, esto es, sin maquillaje y además… ¡con Bruce Kulick, que no había tocado ni una nota en el disco! Una bonita chapuza cuya adquisición estaría recomendada tan sólo a estudiosos y completistas, tanto como –en este caso ya incluyendo a coleccionistas enfermizos–, el tratar de localizar alguna copia de una primera tirada en 1982 que prensó por error en un lado del vinilo la cara B del *American Fool* de John Cougar.

Lick it Up
18 de septiembre de 1983
Mercury / Casablanca

Exciter / Not for the Innocent / Lick It Up / Young and Wasted / Gimme More / All Hell's Breakin' Loose / A Million to One / Fits Like a Glove / Dance All Over Your Face / And on the 8th Day

El domingo 18 de septiembre de 1983, a las once de la noche, los integrantes de la banda KISS hicieron finalmente su primera aparición pública oficial sin maquillaje. Un gesto dramático en un día y una franja horaria que refleja las circunstancias en que se encontraban tras la deriva estilística y el fracaso de ventas de sus últimos discos. Justo una semana después se editaba *Lick it Up*, el primer disco de los KISS desmaquillados.

Con Vinnie Vincent ya establecido como miembro regular y compositor hiperactivo (participó en la escritura de ocho de los diez temas del álbum), la banda había salido de Record Plant y los Right Track Studios de Nueva York con su cuarto álbum de la década, tomando la herencia de su metalizado

predecesor y aplicando una densa imprimación de laca ochentera. Ya desde
la inicial «Exciter», con el solo de guitarra cortesía de Rick Derringer queda
claro por donde van a ir los tiros, refrendados casi de inmediato por el tema
que titula el álbum, un auténtico himno AOR tan inmediato como pegadizo
que, en un movimiento no precisamente usual, se editó como single simultáneamente con el elepé.

Y si el hard melódico campa a sus anchas por los surcos del disco, a nivel
lírico las habituales metáforas sexuales de la banda –que nunca optaron a ganar un premio a la sutileza– alcanzan aquí cotas disparatadas. Valga «Gimme
More» como ejemplo cuando Paul canta: «Love is sweet, so insane, come on
lick my candy cane» (el amor es dulce, tan insensato / ven y lame mi bastón
de caramelo). Ovación y vuelta al ruedo, por favor.

«All Hell's Breakin' Loose», con su insólita intro rapeada es otro de los
platos fuertes del disco y una de las escasas ocasiones en la historia de la banda
en que los créditos son compartidos por los cuatro miembros de la formación
del momento. Este tema junto al single iniciarían una relación entre KISS y
la MTV que se extendería a lo largo de los siguientes años.

Siempre atentos a las herramientas de promoción en boga, Paul y Gene
entendieron muy pronto el poder de la cada vez más influyente cadena musical, y ambos se retroalimentaron con una serie de vídeos profusamente emi-
tidos durante los años ochenta, sin los cuales la carrera del grupo en aquella
época se hubiera visto a buen seguro mermada.

Animalize
13 de septiembre de 1984

Mercury Records

I've Had Enough (Into the Fire) / Heaven's on Fire / Burn Bitch Burn / Get All You Can Take / Lonely Is the Hunter / Under the Gun / Thrills in the Night / While the City Sleeps / Murder in High-Heels

Tras la marcha/patada a Vincent, y con Gene pluriempleado en empresas ajenas como productor, actor y *playboy*, Paul se encontró al mando del cotarro para el siguiente disco, asumiendo incluso tareas de producción. El resultado fue un trabajo que apenas se diferenciaba de su predecesor, pero con un ligero matiz. Si *Lick it Up* no era un ejemplo de cohesión pero mantenía una cierta solidez interna, *Animalize* eran apenas dos o tres (muy) buenos temas con un montón de relleno.

La retomada asociación de Paul con Desmond Child daría con una gema en bruto como primer single del álbum– «Heaven's on Fire»– pero al mismo tiempo se diluiría en piezas prescindibles como «I've Had Enough (Into the Fire)» o «Under the Gun», mientras que las contribuciones de Gene no pasan del aprobado justito –«While the City Sleeps», «Murder in High-Heels», «Lonely Is the Hunter»– aunque al menos nos dejaría un nuevo y hermoso ejemplo de poesía existencialista en «Burn Bitch Burn» con ese inmortal verso que reza «wanna put my log in your fireplace» (quiero poner mi tronco en tu chimenea).

Entre tan poca cosa para escoger, no resultó ninguna sorpresa la elección como single a principios de 1985 del que sin duda era el otro gran tema del disco, «Thrills in the Night», escrito por Paul junto a su amigo Jean Beauvoir, antiguo bajista de Plasmatics.

La mayormente negativa respuesta crítica al disco a buen seguro que les importó un comino cuando *Animalize* igualó y mejoró los ya buenos números de *Lick it Up*, alcanzando posiciones en los *charts* que no conocían desde los tiempos de *Dinasty*. Le sumamos que los pabellones volvían a llenarse como antaño y tenemos a la banda en su periodo comercial más dulce en años.

Asylum
16 de septiembre de 1985
Mercury Records

*King of the Mountain / Any Way You Slice It / Who Wants to Be
Lonely / Trial By Fire / I'm Alive / Love's a Deadly Weapon / Tears
Are Falling / Secretly Cruel / Radar for Love / Uh! All Night*

Asylum fue a todos los efectos la segunda y descafeinada parte de *Animalize*. La incorporación de Bruce Kulick en sustitución de St. John trajo cierta estabilidad pero en ningún caso se tradujo en una mejora compositiva (tampoco es que le dejaran meter mucha baza), y Paul se limitó a repetir con todavía menos fortuna las colaboraciones con Child, Beauvoir y demás a la vez que tomaba de nuevo asiento tras la mesa de control en el estudio, aunque en los

créditos y al igual que en *Animalize*, Simmons aparecería –por sus santos bemoles– como coproductor.

Sobrados de seguridad en sí mismos –que no de inspiración– tras la buena
marcha de sus dos últimos trabajos, esta revirtió en un exceso de confianza
que llevó a la autoindulgencia que en *Asylum* es una constante.

Cierto que rebuscando se pueden encontrar piezas salvables como «King
of the Mountain», «Love's a Deadly Weapon» o «Radar for Love» en los
que las guitarras aún rascan un mínimo, pero en general el asunto se mueve
entre números de soft rock que van de lo descaradamente comercial – «Who
Wants to be Lonely», «Tears are Falling»– a lo directamente hilarante –«Uh!
All Night»-, tres temas por cierto cuyos vídeos son de visión obligada para
comprobar los extremos a los que la indumentaria circense y la demencia
cromática llegó en los ochenta. El resto del *track list* es tan intrascendente que
ni siquiera merece la pena mencionarlo.

El impacto en listas no fue muy diferente al de su antecesor pero las ventas
sí fueron inferiores, lo que hizo que la banda se tomara un respiro discográfico más largo del habitual.

Crazy Nights
18 de septiembre de 1987
Mercury Records

*Crazy Crazy Nights / I'll Fight Hell to Hold You / Bang Bang You / No, No,
No / Hell or High Water / My Way / When Your Walls Come Down / Reason
to Live / Good Girl Gone Bad / Turn on the Night / Thief in the Night*

Con *Crazy Nights* KISS siguió en la misma tónica que había iniciado con *Lick
it Up*. Hard rock saturado de melodía, guitarrazos de fácil digestión y un atro-
nador ramalazo glam tanto en estribillos como en trapitos de escena. Conscientes de que el tropezón de *Asylum* venía dado en parte por carecer de un
single rompedor, en esta ocasión no se fueron por las ramas. Primera canción
del disco, primer *hit* potencial. «Crazy Crazy Nights», nuevo contubernio
entre Paul y Adam Mitchell, lo tenía todo para reventar las listas, y lo hizo…
pero en el Reino Unido. Que en los *charts* británicos llegara al número cuatro,
mientras que en casa se quedaba en un paupérrimo sesenta y cinco sólo puede
entenderse por la falta de lógica en el mundo del rock.

En *Crazy Nights* Kulick tuvo un poco más de presencia en la composición
(«No, No, No», que pasó por varios títulos provisionales como «Assume the
Position» o «Down on All Fours», estaba basado en un *riff* de su invención,

por ejemplo) pero de nuevo la mayor parte del peso recayó en Paul y su corte de colaboradores. Y de nuevo el problema fue el mismo por partida doble: las aportaciones de Gene –«Thief in the Night», «Good Girl Gone Bad»– eran, en el mejor de los casos, discretas y por otro lado en las suyas propias no escaseaba, lamentablemente, el material de relleno.

Pero aun en horas más o menos bajas Paul era capaz de sacarse de la manga un fantástico tema de puro AOR *made in USA* como «Turn on the Night», compuesto junto a Diane Warren, y el baladón melodramático de turno –«Si una banda fuera sincera te dirían que, en ese momento, la única esperanza de que una canción fuera emitida por radio era una balada», confesaba Paul– en la figura de «Reason to Live».

Habían subido un peldaño, pero el cabo de la escalera continuaba lejos y los ochenta se acercaban a su fin.

Hot in the Shade

17 de octubre de 1989

Mercury Records

Rise to It / Betrayed / Hide Your Heart / Prisoner of Love / Read My Body /
Love's a Slap in the Face / Forever / Silver Spoon / Cadillac Dreams / King
of Hears / The Street Giveth and the Street Taketh Away / You Love Me to
Hate You / Somewhere Between Heaven and Hell / Little Caesar / Boomerang

Con quince canciones y una duración que roza los sesenta minutos, *Hot in the Shade* es uno de los discos más largos de KISS. Y que un disco sea largo no tiene nada de malo *a priori*, a menos que más de la mitad de canciones no den la talla. Entonces se hace eterno. Si además le sumamos que la producción (a manos de Gene y Paul) buscaba un sonido crudo a la vez que ahorrar costes, tenemos una mala combinación, sobre todo viniendo de *Crazy Nights* (y es que Nevison a los controles es mucho Nevison).

Haciendo una criba y desechando la broza, en el haber tenemos –haciendo un esfuerzo de buena voluntad– más o menos la mitad de temas: «Hide your Heart» es un clásico ejemplo de cuando la colaboración entre Paul y Desmond Child funciona, una melodía con gancho y un estribillo pegadizo, llevados al extremo en la prototípica balada ochentera que es «Forever», coescrita junto a (¡arhg!) Michael Bolton; «Little Caesar», en la voz de Eric Carr (la única ocasión en que puso voz a un tema de KISS aparte de su relectura de «Beth» *en Smashes, Thrashes & Hits*) funciona correctamente, al igual que el tono blues de «Rise to It» y «Cadillac Dreams» o la influencia soul de «Silver Spoon» y sus coros de góspel. Hasta el *riff* de «Betrayed», cortesía de Kulick, lo podemos dar por bueno.

Pero luego, nada. Bueno sí, como dato anecdótico puede que contenga una de sus tres peores canciones, esa «cosa» llamada «Boomerang» –descarte de las sesiones de *Crazy Nights*– de la cual Gene dijo que era su favorita del álbum: «No porque crea que sea la mejor canción del disco, sino porque es la más divertida de tocar. Se tocó en directo en el estudio». En fin, al menos alguien se lo pasó bien con ella.

Revenge
19 de mayo de 1992
Mercury Records

Unholy / Take It Off / Tough Love / Spit / God Gave Rock 'n' Roll to You II / Domino / Heart of Chrome / Thou Shalt Not / Every Time I Look at You / Paralyzed / I Just Wanna / Carr Jam 1981

El mejor disco de KISS sin maquillaje hasta aquel momento. Así es mayormente reconocido *Revenge* y poca discusión cabe al respecto. Para su primera referencia en los noventa, aparte de volver a hacerse con los servicios de Bob Ezrin, contrataron asimismo consultores de *marketing* para averiguar qué era lo que querían los fans del grupo. Y la respuesta fue bastante unánime: más presencia de The Demon.

Dicho y hecho, el primer cambio fue a nivel estético, olvidándose del desparrame glam y adoptando una imagen más oscura. Y el segundo y más importante, regresar de una vez por todas a la contundencia sin paliativos facturando su álbum más bruto y potente desde los lejanos tiempos de *Creatures of the Night*. De hecho, el segundo sencillo y tema insignia del disco, «Unholy», fue el primer single de KISS cantado por Gene desde «I Love It Loud» diez años atrás, lo que da una idea de hasta qué punto Paul había tomado las riendas de la banda ante la falta de implicación del bajista. Pero lo más significativo es que en *Revenge* no hay la dispersión de sus anteriores trabajos sino que todas las canciones están meticulosamente enfocadas, repletas de riffs asesinos lindando con el heavy metal. «Take It Off», «Domino», «Paralyzed», «Spit», por citar sólo algunas, demostraban que cuando KISS mejor funciona es cuando no trata de encajar con las modas, sino cuando son simplemente ellos mismos.

Revenge estuvo dedicado, como no podía ser de otra forma, a Eric Carr, fallecido en noviembre de 1991. Asimismo se incluyeron dos temas como homenaje a Eric: «God Gave Rock'n'Roll To You II», que ya había sido editada como single el año anterior, y una pista instrumental titulada «Carr Jam 1981», una demo grabada por el batería junto a Ace en la época de *Music From «The Elder»* y regrabada para la ocasión con la guitarra de Kulick. Un último adiós de la banda a uno de sus miembros más añorados.

Carnival of Souls: The Final Sessions
28 de octubre de 1997
Mercury Records

*Hate / Rain / Master & Slave / Childhood's End / I Will Be
There / Jungle / In My Head / It Never Goes Away / Seduction
of the Innocent / I Confess / In the Mirror / I Walk Alone*

Fichar a un productor como Toby Wright, en la órbita de Alice in Chains, y darle manga ancha al bueno de Kulick para que escribiera gran parte del material hizo que *Carnival of Souls: The Final Sessions* resultara el álbum con el sonido menos reconocible de toda la carrera de KISS, incluso por debajo de *Dinasty* o *Music from «The Elder»*.

Un disco pretendidamente oscuro y denso, que busca el feísmo desde su misma portada pero que suena más falso que un billete de seis euros. ¿Se imagina alguien a Nirvana o Mudhoney haciendo un disco que tratara de sonar como el *Girls, Girls, Girls* de Mötley Crüe, o el *Slippery When Wet* de Bon

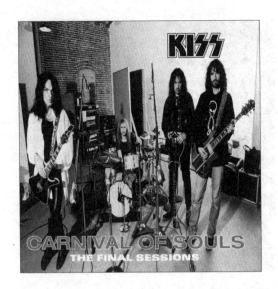

Jovi? Pues esto es lo mismo, pero al revés. En una entrevista en 2015, Wright expuso con claridad y lucidez por qué KISS hizo aquel disco buscando deliberadamente ese sonido: «Querían seguir la moda del grunge. En el fondo, como todos los artistas, lo que querían era vender discos. Ya sabes, estar arriba del todo. Gene tiene una personalidad muy competitiva y para él todo se reduce a ser siempre el primero haciendo lo que haga falta para conseguirlo».

Y de nuevo, junto a la deriva estilística, el problema de fondo: la falta de inspiración. Porque al final puedes dar los bandazos que quieras y salir vivito y coleando, e incluso puede que suene la flauta y te salga un «I Was Made for Lovin' You» parte II, pero no es el caso.

¿Es inaudible el álbum? No, tampoco es eso. Es aburrido, simplemente.

Psycho Circus
22 de septiembre de 1998
Mercury Records

*Psycho Circus / Within / I Pledge Allegiance to the State of Rock & Roll
/ Into the Void / We Are One / You Wanted the Best / Raise Your Glasses
/ I Finally Found My Way / Dreamin / Journey of 1,000 Years*

La historia se repetía y tal como había pasado en la época de *Dynasty* y *Unmasked*, Peter y Ace pondrían la cara en la portada del nuevo disco y poco más. De hecho el batería sólo tocó en «Into the Void» (el único tema en que

participarían los cuatro), y Ace en otros dos. Ahí acabaría mayormente su contribución, encargándose del resto del material un buen puñado de músicos de sesión: Kevin Valentine en la mayoría de partes de batería, Tommy Thayer haría otro tanto con la guitarra solista mientras que de las rítmicas y no pocas líneas de bajo se encargaría Bruce Kulick, uno de los ases en la manga guardados por los dos maestros tahúres. De hecho el guitarrista confirmó en 2017 que KISS le siguió pagando un año entero tras el inicio del Alive/Worldwide Tour pese a no formar ya parte de la banda y que cuando le pidieron que les echara una mano en la grabación de *Psycho Circus* «fue muy extraño, pero también me hizo sentir muy importante –comentó entre risas–. Pude incluso coescribir un tema con Paul ["Dreamin'", *N. del A.*]. Sólo el hecho de que me pidieran tocar algunas partes de bajo y ayudar en esa canción con Paul ya fue un bonito gesto».

En ocasiones se ha dado por supuesto que el álbum se basa en la serie de cómics *KISS: Psycho Circus*, aparecida el año anterior al lanzamiento del disco; sin embargo, si bien es cierto que el álbum no había sido concebido en el momento en que se publicó por primera vez el cómic, Simmons afirma que el concepto fue creado con anterioridad.

Sonic Boom
6 de octubre de 2009

KISS Records / Roadrunner

*Modern Day Delilah / Russian Roulette / Never Enough / Yes I
Know (Nobody's Perfect) / Stand / Hot and Cold / All for the Glory /
Danger Us / I'm an Animal / When Lightning Strikes / Say Yeah*

Once años son muchos años entre un disco y otro, y más en una banda como
KISS, poco dados a espaciar los lanzamientos. Siendo *Psycho Circus* su última
referencia, los fans no sabían muy bien qué esperar de la nueva entrega. Pero
aunque la esperanza es lo último que se pierde, muy pocos esperaban un dis-
cazo tan tremendo como este. En *Sonic Boom* –producido a cuatro manos por
Paul y Greg Collins– sí existe un retorno de verdad a todos esos tics, a ese
sonido y a esas canciones que todos amamos. Un retorno real, potenciado por
unos temas excelentes y por la sensación inequívoca de que la banda se lo está
pasando en grande.

«Modern Day Delilah» y «Danger Us» son pura marca Stanley en sus
mejores momentos, ídem con Gene en las voces de «Russian Roulette» y
«I'm An Animal»; incluso Eric tiene uno de sus mejores momentos en la historia de la banda con «All for the Glory», y es que no hay tema mediocre en
este álbum, todo va del notable al excelente para terminar con una matrícula
de honor en esa fórmula magistral de tres acordes que es «Say Yeah!».

Les había costado mucho tiempo volver a facturar un disco inspirado de principio a fin, que pudiera mirar de tú a tú a sus clásicos de los setenta, pero con *Sonic Boom* lo lograron. Un álbum a la altura de su leyenda para cuyo diseño gráfico volvieron a contar –treinta y tres años después– con Michael Doret, el ilustrador de la mítica portada de *Rock and Roll Over*.

Monster
9 de octubre de 2012

Universal Music / Kiss Records

Hell or Hallelujah / Wall of Sound / Freak / Back to the Stone Age / Shout Mercy / Long Way Down / Eat your Heart out / The Devil is Me / Outta this World / All for the Love of Rock and Roll / Take me Down Below / Last Chance

Monster fue un significativo paso atrás respecto al nivel alcanzado en el estupendo *Sonic Boom*. Y eso que «Hell or Hallelujah», publicado como tema de adelanto hacía presagiar otro gran disco, pero el resto del material no está a la altura.

En primer lugar la producción de nuevo de Stanley junto a Collins no repite éxito y lo que en *Sonic Boom* era un sonido potente y orgánico aquí se torna embarullado y excesivamente metálico. Mucho ruido y pocas nueces.

En segundo lugar las canciones, simplemente, no dan la talla. «Freak», «The Devil is Me», «All for the Love of Rock and Roll» (cantada por Singer),

«Long Way Down»… suenan ramplonas, absolutamente faltas de frescura e inspiración. Algún momento puntual como «Back to the Stone Age» o «Take me Down Below» sube un poco la temperatura pero el tono general es tibio y apático, muy lejos de sus mejores momentos. Y en tercer lugar y aunque pueda parecer superficial, la portada. En KISS la imagen nunca es algo anecdótico y con una tradición de carátulas tan brillante como la suya, si esto es realmente lo mejor que tenían, mejor no ver los descartes.

Mucho ha llovido desde entonces y cada vez parece más plausible el hecho de que *Monster* puede ser el canto del cisne en una discografía que, como hemos visto, tiene tantas luces como sombras pero que observada en conjunto supone un legado de valor incalculable, una aportación como pocas a la Historia del Rock.

DISCOS EN DIRECTO

Alive!
10 de septiembre de 1975
Casablanca Records

*Deuce / Strutter / Got to Choose / Hotter Than Hell / Firehouse /
Nothin' to Lose / C'mon and Love Me / Parasite / She / Watchin'
You / 100,000 Years / Black Diamond / Rock Bottom / Cold
Gin / Rock and Roll All Nite / Let Me Go, Rock 'n' Roll*

Una vez decidido que el cuarto trabajo de KISS iba a ser un álbum en directo
y que dada la pésima situación económica de Casablanca tenía que editarse
de nuevo lo antes posible, se reclutó como productor a Eddie Kramer, el
cual no había vuelto a trabajar con ellos desde su primera demo en marzo

de 1973. Este, con la ayuda de Neal Teeman como ingeniero asistente en Electric Lady, mantuvo entre finales de julio y mediados de agosto un ritmo de trabajo infernal, una auténtica carrera contrarreloj a base de mezclas y retoques para tener listo el álbum para primeros de septiembre.

Esas prisas y ese trabajar a destajo pueden ser una de las razones por la que *Alive!* (título, por cierto, escogido como homenaje a sus queridos Slade y su *Slade Alive!*), sin duda uno de los discos en directo más famosos de la historia del rock, destaque al mismo tiempo porque sus fuentes son muy confusas. Tanto por todo aquello que se eliminó y añadió *a posteriori* desde las mesas del estudio como por los *shows* supuestamente empleados para confeccionarlo. Por ejemplo, según las notas aparecidas en la remasterización del disco, escritas por Robert Conte, el concierto del Cobo Hall en Detroit se grabó el veintisiete de marzo, pero en esa fecha no hubo *show* de la banda en la ciudad. Otras fuentes indican que se usó material de los directos del veintiuno de junio en Cleveland y el veintitrés de julio en Wildwood, Nueva Jersey. También se dice que se usó un espectáculo del veinte de julio en Davenport, Iowa. En el libro KISStory se asegura que «Deuce», «Strutter», «Got To Choose», «Hotter Than Hell» y «Firehouse» provienen de Wildwood, mientras que «She», «Parasite» y «Let Me Go, Rock 'N Roll» son de Cobo con *overdubs* o añadidos de Davenport, al igual que «Watchin' You» y «Rock Bottom».

Un auténtico rompecabezas que no obstante conformó la perfecta criatura de Frankenstein, logrando el objetivo de reflejar en vinilo, aunque fuera haciendo ciertas trampas, la sin par energía de sus directos.

Trampas reflejadas igualmente en su legendaria portada que, por supuesto, no fue tomada en vivo. Para su diseño se contrató a Dennis Woloch (que de ese modo inició una relación con KISS que duraría más de una década), un viejo conocido de Bill Aucoin el cual organizó una sesión en el Michigan Palace. En KISStory Paul lo cuenta así: «Hicimos las fotos por la tarde mientras nuestro equipo montaba el escenario en el Cobo Hall para el concierto de esa noche. Queríamos la foto en vivo perfecta, así que lo montamos todo y tocamos en un teatro vacío. Y obtuvimos nuestra foto perfecta».

La versión original del doble elepé incluyó un inserto de dieciséis páginas con fotos de la banda en directo y unas notas manuscritas por ellos cuatro, en una clara muestra de que Casablanca podía estar al borde de la quiebra pero estaba decidida a poner toda la carne en el asador en una de sus últimas cartas, aunque fuera encareciendo los costes de producción.

Los primeros acetatos para el álbum completo estuvieron listos para la última semana de agosto y, con ellos, el inicio de toda una nueva era para KISS.

Alive II
14 de octubre de 1977
Casablanca Records

*Detroit Rock City / King of the Night Time World / Ladies Room / Makin'
Love / Love Gun / Calling Dr. Love / Christine Sixteen / Shock Me / Hard
Luck Woman / Tomorrow and Tonight / I Stole Your Love / Beth / God of
Thunder / I Want You / Shout It out Loud / All American Man / Rockin'
In The USA / Larger Than Life / Rocket Ride / Any Way You Want It*

Alive II partía de dos ideas distintas pero complementarias. Uno, que sólo incluyera canciones de sus tres últimos discos o lo que es lo mismo, ninguna que
hubiera aparecido en *Alive!* Y dos, que la cuarta cara del disco fueran canciones
en estudio. Un formato un tanto inusual pero nada novedoso. Frank Zappa
mezcló toda su vida canciones en estudio con temas en directo en sus discos.
Ya Cream hacía eso en los sesenta, dedicando uno de los dos discos del doble
Wheels of Fire (1968) a temas en directo grabados en San Francisco, y también la mitad de su último disco *Goodbye* (1969) es en vivo. Por no hablar de
otros casos como *Having A Rave-Up* (1965) de The Yardbirds, el *Ummagumma*
(1969) de Pink Floyd o el precedente más directo de *Alive II*, el *Caught Live + 5*
(1977) de los Moody Blues, editado pocos meses antes que el de KISS.

Salvo en «Rocket Ride», en la que Ace grabó voz, bajo y guitarras por su
cuenta, para el resto de los temas de estudio no pudieron contar con él, definitivamente perdido entre nubes químicas y vapores etílicos. Bob Kulick se

encargaría de las seis cuerdas en «All American Man», «Rockin' in the USA» y «Larger Than Life» mientras que Paul haría otro tanto en la versión del «Any Way You Want It» de Dave Clark Five.

Sea como fuere, *Alive II* es un excelente documento del momento más alto en la carrera de KISS en todos los aspectos. Aun con los retoques posteriores (que también los hubo), las relecturas de «Detroit Rock City», «Love Gun», «Shock Me», «I Stole Your Love», «I Want You» y tantos otros clásicos recientes de la banda suenan de maravilla, y permiten hacerse una idea de lo que debía ser asistir a un concierto de KISS en pleno 1977.

Siguiendo la tradición de incluir artículos promocionales en sus álbumes, en *Alive II* se insertó un libreto a todo color titulado *The Evolution of KISS*, así como un conjunto de tatuajes temporales. Y por supuesto también se incluyó un formulario de pedido de *merchandising* con una lista de productos oficiales y la posibilidad de alistarse en la KISS Army.

Alive III
18 de mayo de 1993
Mercury Records

Creatures of the Night / Deuce / I Just Wanna / Unholy / Heaven's on Fire / Watchin' You / Domino / I Was Made for Lovin' You / I Still Love You / Rock and Roll All Nite / Lick It Up / Forever / Take It Off / I Love It Loud / Detroit Rock City / God Gave Rock 'N' Roll to You II / The Star-Spangled Banner

Aunque la mayoría de las diecisiete pistas de *Alive III* fueron elegidas entre álbumes lanzados después de *Alive II*, esta fue la primera vez que KISS reutilizó canciones que ya habían aparecido en otros álbumes en vivo. Y esta circunstancia es quizás uno de los mayores alicientes de este nuevo directo; el poder establecer una comparación entre el sonido (y la interpretación) de canciones como «Detroit Rock City» y «Watchin 'You» y ver cómo habían evolucionado en el tiempo transcurrido entre la segunda y la tercera entregas. Habrá por supuesto quien prefiera unas versiones u otras. Como bien dijo Gene al respecto en *Behind the Mask*: «Para mí está claro que ahora hay mayor destreza musical, estamos cantando mejor y los temas tienen un mejor *feeling*. Pero no se puede negar que el rock and roll es ese tipo de música primitiva que a menudo es amada más por su primitivismo que por lo bien que se toquen las canciones».

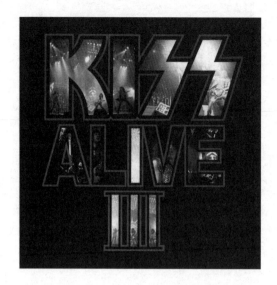

Pero si algo define *Alive III* más allá de la pericia técnica y lo diferencia de sus predecesores es sin duda un enfoque mucho más metálico, heredado en parte de la forma de tocar tanto de Kulick como sobre todo de Singer, cuya batería poco tiene que ver con la de Peter. Sea como fuere, nadie puede declararse fan de KISS si no lo tiene en sus estanterías.

MTV Unplugged
12 de marzo de 1996
Mercury Records

Comin' Home / Plaster Caster / Goin' Blind / Do You Love Me? / Domino / Got To Choose / Sure Know Something / A World Without Heroes / Hard Luck Woman / Rock Bottom / See You Tonight / I Still Love You / Every Time I Look at You / Heaven's on Fire / Spit / C'mon and Love Me / God of Thunder / 2,000 Man / Beth / Nothin' to Lose / Rock and Roll All Nite

A mediados de los noventa nuestros héroes andaban de nuevo un tanto perdidos, así que después de ver a Eric Clapton y Rod Stewart relanzar sus carreras gracias a sus Unplugged para la MTV, pensaron que aquello también podría funcionar para ellos. La cadena no obstante insistió en que trajeran de vuelta a Peter y Ace para hacer del evento algo especial, una condición que Gene y Paul aceptaron no sin pocas reticencias al principio.

Decisión correcta, puesto que aquello –mantenido en secreto hasta el momento de su aparición en la recta final del *show*– sería el detonante de la famosa reunión con maquillaje. En cuanto al concierto, la banda defendería en formato electroacústico un repertorio cuanto menos interesante, que sacrificaba algunos clásicos a favor de temas menos habituales o incluso fondo de armario del calibre de «Comin' Home», con la que abrieron el *show*, «Goin' Blind» o «A World Without Heroes», e incluso se permitieron todo un «See You Tonite» del disco en solitario de Gene. El disco –editado también en vídeo y DVD– salió a la venta en marzo de 1996 y puede considerarse sin problemas uno de los mejores acústicos de la serie, por calidad intrínseca e importancia histórica.

You Wanted The Best, You Got The Best!!!
25 de junio de 1996
Mercury Records

*Room Service / Two Timer / Let Me Know / Rock Bottom / Parasite
/ Firehouse / I Stole Your Love / Calling Dr. Love / Take Me / Shout
It out Loud / Beth / Rock and Roll All Nite / Kiss Tells All*

Lanzado al mercado coincidiendo con el *Alive / Worldwide* Tour de 1996-97, este directo es pura y llanamente un intento de sacar rédito de dicha gira. Un intento bastante pobre, dicho sea de paso, puesto que lo que encontramos aquí es una especie de antología de los dos primeros *Alive*, más cuatro presuntos *outtakes* de aquellos dos directos que, sin que se sepa exactamente por qué, fueron remezclados; basta escuchar las voces de Gene y Paul o la batería de Peter en esas cuatro canciones –«Room Service», «Two Timer», «Let Me Know» y «Take Me»– para darse cuenta de que eso no suena a 1975 ni en broma. De hecho el propio Kulick declaró a la revista Latent Image en 1998 que él había participado en parte de esos retoques en estudio, sin entrar en más detalles. Para completar el desaguisado, la última pista es una entrevista que la banda recién reunida había concedido a Jay Leno en The Tonight Show. Sólo para completistas contumaces.

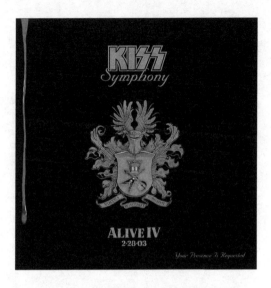

Kiss Symphony: Alive IV
22 de julio de 2003

KISS Records / Sanctuary

Deuce / Strutter / Let Me Go, Rock 'n' Roll / Lick It Up / Calling Dr. Love / Psycho Circus / Beth / Forever / Goin' Blind / Sure Know Something / Shandi / Detroit Rock City / King of the Night Time World / Do You Love Me? / Shout It out Loud / God of Thunder / Love Gun / Black Diamond / Great Expectations / I Was Made for Lovin' You / Rock and Roll All Nite

Tres tercios de los KISS originales más Tommy Thayer sustituyendo a un Ace que se había vuelto a largar del seno de la banda, junto a una orquesta sinfónica. Esto es básicamente *Alive IV*, el documento sonoro y visual del concierto que los neoyorquinos dieron acompañados de la Melbourne Symphony Orchestra en febrero de 2003, estructurado en tres partes. En la primera interpretan seis temas en formato eléctrico clásico, para pasar después a un set acústico acompañados de la sección de cuerdas de la orquesta en la que no sólo se atreven con baladas como «Beth», «Forever» o «Shandi» sino con temas menos baladísticos, caso de «Goin' Blind» o «Sure Know Something». Y ya para la tercera y más extensa parte del *show* se les unió la orquesta al completo.

El resultado fue tan estimulante como poco arriesgado en el sentido de que la parte sinfónica del asunto, excepto en casos puntuales (*verbi gratia* los contrapuntos dramáticos de cuerda en «God of Thunder») se limitó a engrosar y potenciar el sonido más que a reinterpretar las canciones de algún modo. Editado tanto en CD sencillo como doble, la versión en DVD en este caso es de casi obligado visionado, ni que sea para disfrutar de la imagen de un montón de músicos clásicos en esmoquin maquillados como KISS y rodeados de todo tipo de pirotecnia.

Alive! The Millennium Concert
21 de noviembre de 2006

Mercury / Universal

Psycho Circus / Shout It out Loud / Deuce / Heaven's on Fire / Into the Void / Firehouse / Do You Love Me? / Let Me Go, Rock 'n' Roll / I Love It Loud / Lick It Up / 100,000 Years / Love Gun / Black Diamond / Beth / Rock and Roll All Nite

El concierto que KISS había dado el 31 de diciembre de 1999 en el BC Place Stadium de Vancouver para conmemorar el fin de siglo y de milenio en principio fue grabado de cara a convertirse en *Alive IV*, pero el álbum no llegó a editarse. Las razones para no hacerlo nunca estuvieron del todo claras, pero la compra en aquella época de Mercury Records por el gigante Universal/Vivendi parece que tuvo bastante que ver. Sí lo haría en 2006 con el título de *Alive! The Millennium Concert*, como parte de la caja *Alive! 1975-2000*, que incluía asimismo las tres entregas anteriores. Años más tarde, en octubre de 2014 concretamente, *The Millennium Concert* fue editado también como doble vinilo, presentando por primera vez el concierto entero excepto por «Cold Gin» y «Shock Me», que a día de hoy continúan inéditas.

Kiss Rocks Vegas
26 de agosto de 2016

Eagle Rock Entertainment

Detroit Rock City / Creatures of the Night / Psycho Circus / Parasite
/ War Machine / Tears Are Falling / Deuce / Lick It Up / I Love It
Loud / Hell or Hallelujah / God of Thunder / Do You Love Me? / Love
Gun / Black Diamond / Shout It out Loud / Rock and Roll All Nite

Entre el 5 y el 23 de noviembre de 2014, tras terminar la primera etapa del *40th Anniversary World Tour* junto a Def Leppard, KISS actuaría como banda residente en The Joint, un auditorio con capacidad para cuatro mil personas ubicado dentro del Hard Rock Hotel and Casino en Paradise, Nevada. Un lugar habitual para bandas de rock clásico en el Valle de Las Vegas, en el que ofrecerían un total de nueve *shows* de los cuales saldría este directo.

En mayo de 2016, tres meses antes de su edición tanto en CD como en vinilo, la película del concierto se estrenó en salas de cine, acompañada de un minidocumental donde la banda comenta la experiencia de esos conciertos en Las Vegas, mientras que en el DVD y el Blu-ray que se comercializaron meses más tarde se agregó también un pequeño set desenchufados titulado KISS Acoustic.

DISCOS RECOPILATORIOS

Double Platinum
2 de abril de 1978

Casablanca Records

*Strutter '78 / Do You Love Me / Hard Luck Woman / Calling Dr. Love
/ Let Me Go, Rock 'n Roll / Love Gun / God of Thunder / Firehouse
/ Hotter Than Hell / I Want You / Rock Bottom (Intro) / Deuce /
100,000 Years / Detroit Rock City / She / Rock and Roll All Nite / Beth
/ Makin' Love / C'Mon and Love Me / Cold Gin / Black Diamond*

Killers
15 de junio de 1982

Casablanca, Phonogram

I'm A Legend Tonight / Down on Your Knees / Cold Gin / Love Gun
/ Shout It out Loud / Sure Know Something / Nowhere To Run /
Partners In Crime / Detroit Rock CitY / God of Thunder / I Was
Made for Loving You / Rock and Roll All Nite (Live Version)

Chikara
25 de mayo de 1988

Polystar

Recopilatorio exclusivo para el mercado japonés, edición limitada de 100.000 copias.
Rock and Roll All Nite / Detroit Rock City / Love Gun / I Was Made for
Lovin' You / Creatures of the Night / I Love It Loud / War Machine /
Lick It Up / All Hell's Breakin' Loose / Heaven's on Fire / Thrills in the
Night / Who Wants to Be Lonely / Uh! All Night / Tears Are Falling

Smashes, Thrashes & Hits
15 de noviembre de 1988

Mercury

Let's Put the X in Sex / (You Make Me) Rock Hard / Love Gun /
Detroit Rock City / I Love It Loud / Deuce / Lick It Up / Heaven's on
Fire / Calling Dr. Love / Strutter / Beth / Tears Are Falling / I Was
Made for Lovin' You / Rock and Roll All Nite / Shout It out Loud

Greatest Kiss
8 de abril de 1997

Mercury

*Detroit Rock City / Black Diamond / Hard Luck Woman / Sure Know
Something / Love Gun / Deuce / Goin' Blind / Shock Me / Do You Love
Me? / She / I Was Made for Lovin' You / Shout It out Loud (Live '96) /
God of Thunder / Calling Dr. Love / Beth / Strutter / Rock and Roll All
Nite / Cold Gin / Plaster Caster / God Gave Rock 'N' Roll to You II*

Greatest Hits
18 de junio de 1999

Polygram

*Crazy Crazy Nights / I Was Made for Lovin' You / Detroit Rock City /
Lick It Up / Hard Luck Woman / Calling Dr. Love / Beth / Love Gun
/ God of Thunder / Sure Know Something / Deuce / Do You Love Me /
Strutter / Rock and Roll All Nite / Plaster Caster / Hotter Than Hell /
Shock Me / Cold Gin / Black Diamond / God Gave Rock 'N' Roll To You II*

The Very Best of Kiss
27 de agosto de 2002

Mercury

*Strutter / Deuce / Got to Choose / Hotter Than Hell / C'mon and Love Me /
Rock and Roll All Nite (Live) / Detroit Rock City / Shout It out Loud / Beth
/ I Want You / Calling Dr. Love / Hard Luck Woman / I Stole Your Love /*

*Christine Sixteen / Love Gun / New York Groove / I Was Made for Lovin' You
/ I Love It Loud / Lick It Up / Forever / God Gave Rock and Roll to You II*

The Millennium Collection:
The Best of Kiss
5 de agosto de 2003
Mercury / Universal

*Strutter / Deuce / Hotter Than Hell / C'mon and Love Me / Rock and Roll
All Nite (Live) / Detroit Rock City / Beth / Hard Luck Woman / Calling
Dr. Love / Love Gun / Christine Sixteen / I Was Made for Lovin' You*

The Millennium Collection:
The Best of Kiss Vol.2
15 de junio de 2004
Mercury / Universal

*Creatures of the Night / I Love It Loud / Lick It Up / All Hell's Breakin'
Loose / Heaven's on Fire / Thrills in the Night / Tears Are Falling / Uh! All
Night / Crazy Crazy Nights / Reason to Live / Hide Your Heart / Forever*

Gold
11 de enero de 2005
Mercury / Universal

*Strutter / Nothin' to Lose / Firehouse / Deuce / Black Diamond / Got
to Choose / Parasite / Hotter Than Hell / C'mon and Love Me / She /
Anything for My Baby / Rock Bottom (Live) / Cold Gin (Live) / Rock
and Roll All Nite (Live) / Let Me Go, Rock 'n' Roll (Live) / Detroit
Rock City / King of the Night Time World / Shout It out Loud / Beth
/ Do You Love Me? / I Want You / Calling Dr. Love / Hard Luck
Woman / I Stole Your Love / Love Gun / Christine Sixteen / Shock Me
/ Makin' Love (Live) / God of Thunder (Live) / Tonight You Belong to
Me / New York Groove / Radioactive / Don't You Let Me Down / I Was
Made for Lovin' You / Sure Know Something / Shandi / Talk to Me /
A World Without Heroes / Nowhere to Run / I'm a Legend Tonight*

The Millennium Collection:
The Best of Kiss Vol.3
10 de octubre de 2006
Mercury / Universal

*God Gave Rock 'N' Roll to You II / Unholy / Domino (Live) /
Hate / Childhood's End / I Will Be There / Comin' Home (Live
Unplugged) / Got to Choose (Live Unplugged) / Psycho Circus
/ Into the Void / I Pledge Allegiance to the State of Rock and
Roll / Psycho Circus / Nothing Can Keep Me from You*

Jigoku-Retsuden
27 de agosto de 2008
DefSTAR / Sony Music Japan

Recopilatorio exclusivo para el mercado japonés, edición limitada CD+ DVD
*Deuce / Detroit Rock City / Shout It out Loud / Hotter Than Hell /
Calling Dr. Love / Love Gun / I Was Made for Lovin' You / Heaven's
on Fire / Lick It Up / I Love It Loud / Forever / Christine Sixteen
/ Do You Love Me? / Black Diamond / Rock and Roll All Nite*

*DVD (Live At Budokan, Tokyo, Japan '77): Detroit Rock City
/ Let Me Go, Rock 'N' Roll / Ladies Room / Firehouse / I Want
You / Cold Gin / Nothin' To Lose / God of Thunder / Rock
& Roll All Nite / Shout It out Loud / Black Diamond*

Kiss 40 years (Decades of decibels)
27 de mayo de 2014
Mercury / Universal

Nothin' to Lose / Let Me Go, Rock 'n' Roll / C'mon and Love Me / Rock and Roll All Nite (Live) / God of Thunder (Demo) / Beth / Hard Luck Woman / Reputation (Demo) / Christine Sixteen / Shout It out Loud (Live) / Strutter '78 / You Matter to Me / Radioactive / New York Groove / Hold Me, Touch Me (Think of Me When We're Apart) / I Was Made for Lovin' You / Shandi / A World Without Heroes / I Love It Loud / Down on Your Knees / Lick It Up / Heaven's on Fire / Tears Are Falling / Reason to Live / Let's Put the X in Sex / Forever / God Gave Rock 'N' Roll to You II / Unholy (Live) / Do You Love Me? (Live Unplugged) / Room Service (Live) / Jungle / Psycho Circus / Nothing Can Keep Me from You / Detroit Rock City (Live) / Deuce (Live) / Firehouse (Live) / Modern Day Delilah / Cold Gin (Live) / Crazy Crazy Nights (Live) / Hell or Hallelujah / Hell or Hallelujah (Live)

Kissworld
2 de junio de 2017
Mercury / Universal

Crazy Crazy Nights / Rock and Roll All Nite / I Was Made for Lovin' You / God Gave Rock 'N' Roll To You II / Detroit Rock City / Beth / Lick It Up / Heaven's on Fire / Tears Are Falling / Unholy / Hard Luck Woman / Psycho Circus / Shout It out Loud / Calling Dr. Love / Christine Sixteen / Love Gun / Shandi / I'm A Legend Tonight / Modern Day Delilah / Hell or Hallelujah

BOX SETS

THE ORIGINALS (1976): incluye los tres primeros discos de estudio en vinilo.

THE ORIGINALS II (1978): incluye el cuarto, quinto y sexto discos de estudio en vinilo.

THE BOX SET (2001): cinco CD con un total de 94 temas, treinta de ellos inéditos.

KISS CHRONICLES: 3 CLASSIC ALBUMS (2005): incluye los tres primeros discos de estudio en CD.

KISS ALIVE! 1975-2000 (2006): incluye los tres primeros *Alive* más *The Millennium Concert*.

IKONS (2008): cuatro CD, cada uno dedicado a uno de los miembros originales.

PLAYLIST + PLUS (2008): recopila los 3 volúmenes de *The Millennium Collection*.

THE CASABLANCA SINGLES 1974-1982 (2012): edición limitada de 2.500 unidades con los 29 sencillos en vinilo editados con Casablanca.

KISSTERIA: THE ULTIMATE VINYL ROAD CASE (2014): Caja con ruedas, edición limitada de 1.000 unidades con 34 elepés originales más *merchandising* extra.

5.
VIDEOGRAFÍA Y
DISCOGRAFÍA EN SOLITARIO

VIDEOGRAFÍA

Animalize Live Uncensored
VHS, 1985. Mercury Records
Directo grabado en el Cobo Hall de Detroit el 8 de diciembre de 1984 durante el *Animalize World Tour*, originalmente retransmitido por la MTV. El concierto fue filmado el mismo día que Bruce Kulick fue nombrado miembro oficial de KISS en sustitución de Mark St. John. El «Uncensored» del título hace referencia a las no pocas bromas soeces de Paul en escena.

Exposed
VHS/DVD, 1987. PolyGram Music Video
Primer documental sobre la banda, basado en entrevistas con Gene y Paul intercaladas con vídeos, material en directo y *sketches* diversos. El metraje conceptual fue filmado en Gray Hall, una mansión de Beverly Hills, en agosto de 1986. Se planeó una segunda parte y se filmaron casi cinco horas durante la primera semana del *tour* de *Hot in the Shade* pero por razones desconocidas fue archivado. Se puede rastrear como *bootleg* bajo el título *Exposed II*.

Crazy Nights
VHS, 1988. PolyGram Music Video
Un sencillo lanzamiento con los tres vídeos oficiales pertenecientes a los tres singles extraídos del disco homónimo: «Crazy Crazy Nights», «Reason to Live» y «Turn on the Night».

X-treme Close-Up
VHS/DVD, 1992. PolyGram Music Video

La historia, los hechos y las historias, tal como rezan sus subtítulos. El primer documental en profundidad sobre la banda, con abundante material de archivo, directos, entrevistas y vídeos desde los comienzos en los años setenta hasta principios de los noventa. Gene y Paul acaparan la mayor parte de las entrevistas de nuevo. Obligatorio para cualquier fan.

KISS Konfidential
VHS/DVD, 1993. PolyGram Music Video

Trece temas en directo y unas cuantas entrevistas entre bastidores durante la gira de *Revenge*, más unas pocas imágenes de los setenta. El principal aliciente son las imágenes de *backstage* y de la banda en la carretera, algunas en un tono sencillo y cotidiano pocas veces visto hasta entonces, pero en general la cinta no se cuenta entre su material audiovisual más atractivo.

Kiss My Ass: The Video
VHS/DVD, 1994. PolyGram Music Video

Editado casi simultáneamente con el disco de tributo del mismo nombre, este vídeo –también conocido como *Kiss My Ass: Classic Kiss Regrooved*– es una nueva colección de directos inéditos, apariciones televisivas y anuncios de *merchandising*, abarcando en orden cronológico casi toda la historia de KISS desde 1975 hasta 1992. Como referencia al álbum recién publicado, en la cinta también aparecen KISS visitando a Anthrax y a Gin Blossoms en el estudio mientras estos grababan sus contribuciones.

KISS Unplugged
VHS/DVD, 1996. PolyGram Music Video

El documento que inmortaliza el mítico concierto acústico en la MTV, génesis de la reunión de los cuatro miembros originales. Paralelamente al álbum se editó igualmente un documental tanto con el *show* íntegro como con imágenes de archivo de las sesiones de ensayo en los SIR Studios de Nueva York, así como la aparición de Peter en la primera KISS Konvention.

The Second Coming
DVD, 1998. PolyGram Music Video

Quien busque material en directo, que descarte este film. *The Second Coming* documenta el antes y el durante de la gira de reunión del 96 y aunque se incluyen unos pocos fragmentos de actuaciones, el disfrute viene dado por el continuo aluvión de escenas entre bambalinas. Ensayos, camerinos, pruebas de sonido, bromas y un buen rollo general que debería hacer las delicias de todo KISSmaníaco. Una gozada.

KISS Symphony: The DVD
DVD, 2003. Sanctuary Records
Edición en doble DVD que recoge los tres «actos» en los que la banda dividió su famoso *show* en Melbourne acompañados de una orquesta clásica, con el aliciente extra de un documental sobre el ambicioso proyecto incluyendo los ensayos con la sinfónica, una entrevista en la televisión australiana y demás material adicional.

Rock the Nation Live!
DVD, 2005. Image Entertainment
Concierto íntegro en directo grabado el 24 de julio de 2004 en el Nissan Pavilion de Bristow, Virginia durante la gira *Rock the Nation*. El segundo vídeo tras *Animalize Live Uncensored* en mostrar un *show* completo de KISS (tanto el *Unplugged* como el *Symphony* fueron conciertos atípicos) cuya principal novedad era la llamada KISS Powervision, que permitía al espectador seleccionar diferentes ángulos de cámara, cada uno centrándose en un miembro distinto de la banda.

Kissology Volume One: 1974-1977
DVD, 2006. VH1 Classic Records
La banda por fin abre sus archivos y ofrece el primer volumen de sus memorias audiovisuales. Imposible no disfrutar como loco con los *shows* del Winterland Ballroom en 1975 o del Budokan en 1977 junto a golosinas como su aparición en el Paul Lynde Halloween Special, el *show* de Mike Douglas o el documental sobre Cadillac, Michigan. Con un *bonus disc* en las primeras ediciones que, dependiendo del distribuidor, incluía tres *shows* distintos en Detroit, Nueva York o Largo, Maryland.

Kissology Volume Two: 1978-1991
DVD, 2007. VH1 Classic Records
Segunda entrega, de nuevo con tres discos más uno extra en prensajes iniciales, abarcando desde la etapa de *Dinasty* hasta la totalidad de los ochenta. Conciertos míticos como el de Sydney durante la gira de *Unmasked* o el de Maracaná al final del tour de *Creatures of the Night* y diversos regalos del calibre de la versión europea de *KISS Meets the Phantom of the Park*, su desmaquillado en la MTV y otras apariciones televisivas.

Kissology Volume Three: 1992-2000
DVD, 2007. VH1 Classic Records
Tercero y por el momento último –e igualmente imprescindible– capítulo, rebosante como los anteriores de material absolutamente obligatorio para cualquier fan: *shows* en Detroit, Los Angeles y Nueva Jersey, el *MTV Unplugged* enterito y su *minishow* bajo el Puente de Brooklyn durante los MTV Video Music Awards de 1996. Y de postre, el metraje en directo más antiguo que se conoce, un *show* en el Coventry grabado el 22 de diciembre de 1973. ¿Qué más se puede pedir? Una cuarta entrega, si acaso.

Kiss Rocks Vegas
DVD, Blu-Ray, 2016. Eagle Rock Entertainment
Lanzado unos meses después que el álbum en directo del mismo nombre, contiene exactamente el mismo repertorio que aquel pero con el añadido de un pequeño set acústico (someramente titulado KISS Acoustic) en el que interpretan clásicos del formato como «Hard Luck Woman» o «Beth» junto a otros menos obvios, caso de «Plaster Caster», «Comin' Home» o «Goin' Blind».

DISCOGRAFÍA EN SOLITARIO

Paul Stanley
Live to Win (New Door, 2006)

Gene Simmons
Speaking In Tongues (Sanctuary, 2004)
Asshole (Sanctuary, 2004)

Ace Frehley
Frehley's Comet (Megaforce/Atlantic, 1987)
Live+1 (Megaforce/Atlantic, 1988)
Second Sighting (Megaforce/Atlantic, 1988)
Trouble Walkin' (Megaforce/Atlantic, 1989)
Greatest Hits Live (Megaforce, 2006)
Anomaly (Bronx Born Records, 2009)
Space Invader (Entertainment One Music, 2014)
Origins, Vol. 1 (Entertainment One Music, 2016)
Spaceman (Entertainment One Music, 2018)

Peter Criss
Out of Control (Casablanca, 1980)
Let Me Rock You (Casablanca, 1982)

Cat #1 (Tony Nicole Tony Records, 1994)
One for All (Silvercat, 2007)

Vinnie Vincent
Vinnie Vincent Invasion (Chrysalis, 1986)
All Systems Go (Chrysalis, 1988)
Pyro Messiah aka Guitars from Hell (1991, inédito)
Euphoria aka The EP (Metaluna, 1996)
Archives Volume I aka Speedball Jamm (The Gtr Company, 2002)

Mark St John
Mark St. John Project (Loch Ness Monster Records, 1999)
Magic Bullet Theory (Loch Ness Monster Records, 2003)

Eric Carr (póstumamente)
The Rockheads (Rock Hard Records, 1998)
Rockology (Rock Hard Records, 1999)
Unfinished Business (Auto Rock Records, 2011)

Bruce Kulick
Audiodog (Audio Dog Records, 2001)
Transformer (Twenty 4 Records, 2003)
BK3 (Twenty 4 Records/Rocket Science, 2010)

Eric Singer (como Eric Singer Project)
Lost and Spaced (Rock Hard Records, 1998)
ESP (Rock Hard Records, 1999)
Live in Japan (autoeditado, 2007)

6.
EL RECONOCIMIENTO DE LOS COLEGAS

Geddy Lee (Rush): Creo que KISS aportaron un nuevo sentido del entretenimiento al rock and roll, trabajando duro para hacer un gran *show* cada noche. Desde el punto de vista de Rush, aprendimos la importancia de añadir entretenimiento al escenario después de verlos a ellos.

Peter Frampton: KISS es como el circo que llega a la ciudad. Eran el Cirque du Soleil del rock (risas), y los aplaudo por ello.

Alice Cooper: Nunca tuve ningún problema con KISS por una razón: jamás se metieron en lo que hacía Alice. KISS eran héroes de cómic, mientras que Alice era más como el Fantasma de la Ópera. Tenían un par de efectos especiales muy buenos, como el número de escupefuegos, y algunos de sus disfraces eran la bomba. Y me gustaba su música.

Paul Rodgers (Free, Bad Company): Creo que KISS son impresionantes, únicos. Me recuerdan un poco a los primeros Mott The Hoople, especialmente el bajista con esas espectaculares botas plateadas de plataforma. Y sin atisbo de vergüenza (risas).

Joey Ramone: Yo estuve en su primer concierto […]. Me gustaba mucho su material, eran divertidos y tenían grandes canciones […]. KISS eran fans de los Ramones también. Recuerdo verlos por el CBGB y venir a vernos actuar. De hecho usaron una de nuestras canciones en su film *Detroit Rock City*.

Lenny Kravitz: Crecí escuchando todo tipo de música, soul, R&B, blues, pero fueron KISS la primera banda que me hizo pensar que yo quería estar en un escenario haciendo eso. Eran más grandes que la vida, y a la vez tan infravalorados a raíz de todo el tema teatral. Ace Frehley es un gran guitarrista.

Ozzy Osbourne: No hace tantos años, uno no podía dar dos pasos sin toparse con la fiebre KISS. Todo era KISS en 1976, eran enormes. Fueron una de las bandas más originales en incorporar grandes *shows* pirotécnicos. Tenían de todo: maquillaje KISS, muñecos KISS, juegos KISS…

Noddy Holder (Slade): Para mí eran la banda norteamericana perfecta porque tomaron lo mejor de la música británica y lo americanizaron. Tomaron la imagen del glam rock inglés. Sé que KISS estuvieron muy influenciados por Slade, y era un gran cumplido que nos mencionaran como influencia. Tomaron todo lo bueno de Slade y lo llevaron al extremo. Y al igual que nosotros, tenían grandes himnos, pero a la manera norteamericana.

Paul Westerbeg (The Replacements): Eran el tipo de banda que me avergonzaba que me gustara, pero me metía en mi habitación, ponía su música y los adoraba. *Destroyer* tiene muy buen material en sus surcos.

Brian May: Me gustan mucho KISS. En su momento Queen fueron comparados con ellos a menudo. Ellos eran la versión norteamericana y nosotros la inglesa. Creo que evolucionamos con ideas un tanto distintas. KISS surgió más de una presentación para moverse hacia lo musical, y creo que nosotros empezamos en lo musical para trabajar *a posteriori* la presentación. Los tengo en gran consideración porque iban a por todas. Tenían su propia visión, tenían su sueño y fueron a por él.

Rick Nielsen (Cheap Trick): KISS son la banda que a tus padres les encanta odiar. Les teloneamos durante tres meses en junio, julio y agosto de 1977 y era gracioso porque nunca conseguían una buena crítica a pesar de que cada noche se salían. Era un poco embarazoso porque nosotros conseguíamos grandes reseñas y a ellos los machacaban. Nos llevamos de fábula y, en cierto modo, nos tomaron bajo su protección [...]. Les encantó que les mencionáramos en nuestra canción «Surrender».

Little Steven: No me tomé a KISS particularmente en serio cuando empezaron, eran una especie de dibujos animados. Los vi por primera vez en su gira de reunión y me quedé atónito. Era un gran tema tras otro, canciones enormes. Fue un gran, gran *show*. Es curioso cómo tienes una distinta perspectiva de las cosas a lo largo de los años. Incluso a pesar de que todo el tema de los disfraces era tan sólo un truco, musicalmente son una tremenda banda de rock and roll.

Roger Daltrey: Digo esto con cierto remordimiento: nunca he visto a KISS en directo. Pero los adoraba. Pensaba que tenían la actitud correcta. Nunca se tomaron a sí mismos demasiado en serio e hicieron alguna música jodidamente buena.

Bob Seger: Nunca olvidaré tocar con KISS en Filadelfia. Solíamos empezar con dos o tres temas seguidos para ganarnos al público dándoles duro con buen material. Pero tras el tercer tema, en vez de escuchar «yeeeah» era más como «KISS, KISS, KISS» [risas]. Nos aplaudían un poco, pero había esa sensación de «vamos ya por los otros». [...] Tocar con KISS nos ayudó mucho, nos hizo ser capaces de tocar ante grandes audiencias. Cuando la gente me pregunta cómo fue telonear a KISS siempre les digo que eran los tipos más majos y agradables del mundo. Incluso como cabezas de cartel, se aseguraban de que tuviéramos una buena prueba de sonido, lo cual no era muy usual. Fueron muy, muy atentos con nosotros, y creo que su *show* tenía muchísima fuerza.

Nikki Sixx (Mötley Crüe): Siempre estuve más influenciado por la música y el modo de componer de KISS que por sus actuaciones. Sus canciones están repletas de ganchos melódicos y grandes arreglos. Fueron la banda sonora de mi generación.

7.
WEBGRAFÍA

Paul Stanley – Autobiografía
https://www.csmonitor.com/Books/chapter-and-verse/2014/0527/Kiss-band-member-Paul-Stanley-discusses-his-new-autobiography

Rolling Stone – Kiss Forever: 40 Years of Feuds and Fury
https://www.rollingstone.com/music/music-news/kiss-forever-40-years-of-feuds-and-fury-2-231365/

Blabbermouth – The End of the Road
http://www.blabbermouth.net/news/is-it-the-end-of-the-road-for-kiss/

Kiss World – Merchandising oficial
https://www.shopkissonline.com/

Grantland – KISS by Chuck Klosterman
http://grantland.com/features/chuck-klosterman-kiss-hall-of-fame/

Dangerous Minds: KISS: Their X-Rated Early Days
https://dangerousminds.net/comments/kiss_their_x-rated_early_days

Discogs – Discografía completa
https://www.discogs.com/artist/153073-Kiss

New York Post – Paul Stanley: KISS members were anti-Semites
https://nypost.com/2014/04/06/kiss-paul-stanley-tells-all-in-new-memoir/

Classic Rock – Dysfunctional Days & Crazy Nights: The Epic Story of Kiss In The 80s
https://www.loudersound.com/features/dysfunctional-days-crazy-nights-the-epic-story-of-kiss-in-the-80s

Rolling Stone – 18 Things You Learn Hanging Out With Kiss
https://www.rollingstone.com/music/music-news/18-things-you-learn-hanging-out-with-kiss-235348/

The Guardian – Monsters of Rock, entrevista 2012
https://www.theguardian.com/music/2012/jul/12/kiss-monsters-rock

CNN Money – Inside the world of KISS Inc.
https://money.cnn.com/2011/10/18/news/kiss_products/index.htm

KISS Online – Cronología de la banda
https://www.kissonline.com/history

Grantland – The Winners' History of Rock and Roll, Part 2: Kiss
http://grantland.com/features/the-winners-history-rock-roll-part-2-kiss/

Gettyimages – When KISS Rocked Cadillac
https://foto.gettyimages.com/archive/rarely-seen/when-kiss-rocked-cadillac-never-seen-photos-from-1975/

Esquire – How KISS Created Indie Rock
https://www.esquire.com/entertainment/music/a28273/kiss-indie-rock/

The New York Times – An Outrage Called KISS (1977)
https://www.nytimes.com/1977/06/19/archives/an-outrage-called-kiss-kiss.html

Metaltalk.net – Undiscovered KISStory: The KISS Drummer Auditions of 1980
http://metaltalk.net/columns2015/20150844.php

Spinditty.com – Music From «The Elder», Reseña (1981)
https://spinditty.com/genres/Retro-Metal-Review-KISS-Music-From-THE-EL-DER-1981

Europapress – Los 13 productos más locos del merchandising de KISS
http://www.europapress.es/cultura/musica-00129/noticia-13-productos-mas-lla-mativos-merchandising-kiss-20150622112429.html

KISS Army Spain – KISS en España
http://kissarmyspain.es/wp-content/uploads/2017/02/revista-kiss-espana.pdf

Noticia Cristiana – Gene Simmons blasfema contra la Biblia
https://www.noticiacristiana.com/sociedad/2015/04/gene-simmons-cofunda-dor-de-la-banda-kiss-blasfema-contra-la-biblia.html

Spinditty – The 1978 Solo Albums Fiasco
https://spinditty.com/genres/KISS-The-1978-Solo-Albums-Review

Av Music – Gene, Paul, Ace, and Peter case file #57: The 1978 KISS solo albums
https://music.avclub.com/gene-paul-ace-and-peter-case-file-57-the-1978-kiss-1798245682

Rolling Stone: The Oral History of Kiss' Destroyer: «It's a Miracle We're Alive»
https://www.rollingstone.com/music/music-features/the-oral-history-of-kiss-destro-yer-its-a-miracle-were-alive-232765/

El Portal del Metal: Dinasty
https://www.elportaldelmetal.com/critica/kiss-dynasty

Comingsoon.net – Kiss Meets The Phantom of the Park
http://www.comingsoon.net/horror/news/749707-12-reasons-kiss-meets-phantom-park-best-worst-movie-ever

Ultimate Classic Rock – The Day Kiss Removed Their Makeup
http://ultimateclassicrock.com/kiss-removes-their-makeup-sept-18-1983/

Columna Cero – Grandes reuniones de la historia del rock: Kiss
https://columnacero.com/cultura/4762/grandes-reuniones-de-la-historia-del-rock-kiss/

KISS Asylum – News, Tour Dates, Merchandise
http://www.kissasylum.com

A 33 Revoluciones: KISS ¿Hard Rock o Heavy Metal?
http://a33revoluciones.com/kiss-hard-rock-o-heavy-metal/

Geeks of Doom – Book Review: Ace Frehley «No Regrets»
https://www.geeksofdoom.com/2012/03/21/book-review-ace-frehley-no-regrets

KISS Army Spain – Entrevista: Peter Criss
http://kissarmyspain.es/entrevista-peter-criss-artista-en-solitario-y-exkiss-interview-peter-criss-solo-artist-and-ex-kiss/

KISStorian – KISS early American punk?
https://kisstorian1.wordpress.com/2013/07/28/kiss-were-early-american-punk/

Mental Floss – How Kiss's Alive! Saved Their Record Label—And Changed the Music Industry
http://mentalfloss.com/article/62982/101-masterpieces-kiss-alive

Kiss Destroyer Tour 1976
http://concertstagedesign.blogspot.com/2010/11/kiss-destroyer-tour-1976.html

Louder Sound– Shout It Out Loud: 20 Classic Gene Simmons Quotes
https://www.loudersound.com/features/shout-it-out-loud-20-classic-gene-simmons-quotes

Documental X-Treme Close Up
https://archive.org/details/Kiss_X-Treme_Close_Up_Polygram_Vídeo_International_1992_Tape

Youtube: anuncios comerciales en los setenta
https://www.youtube.com/watch?v=uzmK3T7-IJU
https://www.youtube.com/watch?v=XydR3Ux_epA
https://www.youtube.com/watch?v=_WY9CmVfN7k
https://www.youtube.com/watch?v=338U9szEoSs

BIBLIOGRAFÍA

CRISS, PETER, *Makeup to Breakup: My Life In and out of KISS*, Simon & Schuster, 2012.

FREHLEY, ACE with LAYDEN, JOE & OSTROSKY, JOHN, *No Regrets*, VH1 Books, 2011.

GEBERT, GORDON & MCADAMS, BOB, *KISS 'n' Tell*, Pitbull Publishing, 1997.

GOLDSMITH, LYNN with STANLEY, PAUL & SIMMONS, GENE, *KISS: 1977-1980*, Rizzoli, 2017.

GOOCH, CURT & SUHS, JEFF, *KISS Alive Forever: The Complete Touring History*, Billboard Books, 2002.

LEAF, DAVID & SHARP, KEN, *Behind the Mask – The Official Authorized Biography*, Warner Books, 2003.

LENDT, C.K., *KISS and Sell: The Making of a Supergroup*, Billboard Books, 1997.

LEVINE, BARRY, *The KISS Years*, H & H Global Inc, 1997.

SHARP, KEN with STANLEY, PAUL & SIMMONS, Gene, *Nothin' to Lose: The Making of KISS (1972-1975)*, ItBooks, 2013.

SHERMAN, DALE. *Black Diamond: An Unauthorized KISS Biography*, CG Publishing Inc, 1997.

SIMMONS, GENE, *KISS and Make-Up*, Crown Publishing, 2001.

STANLEY, PAUL, *Face the Music: A Life Exposed*, HarperOne, 2014.

VV.AA., *Guitar World Presents KISS (Guitar World Presents Series)*, Hal Leonard Corporation, 1997.

WEISS, BRETT, *Encyclopedia of KISS: Music, Personnel, Events and Related Subjects*, McFarland, 2016.

PLAYLIST EN SPOTIFY

https://open.spotify.com/user/nikki_mattress/playlist/2tOj4lwHlDt2WHcx4CfxK6

En la misma colección:

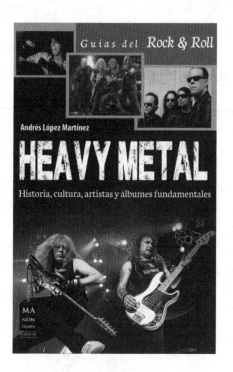

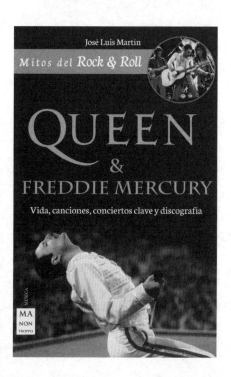